Jacques Vergès

Savunma Saldırıyor

Jacques Vergès (1925-2013) Katalan asıllı bir Fransız babayla Vietnamlı bir annenin oğlu olarak Fransız sömürgesi Réunion Adası'nda doğdu. II. Dünya Savaşı'nda Cezayir'de, Fas'ta, İtalya'da ve Fransa'da direniş hareketlerine katıldı. 1945'te Fransız Komünist Partisi'ne (FKP) girdi. 1955'te avukatlığa başladı. Cezayir Kurtuluş Savaşçılarının davalarına baktı. Ünlü "kopuş savunması" kuramını o sırada uygulamaya başladı; bu davalarda uyguladığı savunma stratejisiyle, müvekkillerine yüklenen suçları inkâr etmeden, koparttığı gürültü sayesinde idam edilmelerini engellemeyi başardı. 1957'de FKP'den ayrıldı ve az çok "başına buyruk" hareket etmeye başladı. Bağımsız Cezayir Dışişleri Bakanlığı Afrika İlişkileri sorumlusu olarak Mozambik, Angola ve Afrika'daki diğer bağımsızlık savaşlarında rol oynadı. Çin'e gitti, Mao'yla dostluk kurdu. *Devrim* adlı aylık bir dergi çıkardı. 1965'te Bumedyen, Bin Bella'yı devirince Cezayir'e döndü ve avukatlık mesleğini burada sürdürdü. Cezayir'de daha önce Kurtuluş Savaşı'nda savunmasını üstlenerek idamdan kurtardığı Cezayir kahramanlarından Cemile (Djamila) Bouhired'le evlenerek Mansur adını aldı. Aynı yıl El Fetih ve FKÖ militanlarını savunmak için çağrıldığı İsrail'e gitti. 1970-79 arasında ortadan kayboldu, Fransa'da tekrar ortaya çıktığında bu süre içinde nerede olduğu ve ne yaptığıyla ilgili hiçbir bilgi alınamadı. 1979'da romanı *Ajanda* yayımlandı. Kızıl Ordu militanları da dahil çeşitli davaların savunmasını yaptıktan sonra eski nazi Klaus Barbie'nin savunmasını üstlendi. Bu davayı almasının nedenini "bu tip davaların topluma sorun çıkarması" olarak açıkladı. Ona göre bu, "dünyada barbarlığın 1939'da başlayıp 1945'te bitmediğini, sömürgelerde yıllardır sürdüğünü" göstermenin bir yoluydu. Çeşitli "teröristler"in davalarına bakma gerekçesini "romantikliğe ve özveriye saygı" olarak açıklayan Vergès, her suçun topluma sorulmuş bir soru olduğuna inanıyordu.

Metis Yayınları
İpek Sokak 5, 34433 Beyoğlu, İstanbul
e-posta: info@metiskitap.com
www.metiskitap.com
Yayınevi Sertifika No: 43544

Metis Siyahbeyaz Dizisi
Savunma Saldırıyor
Jacques Vergès

Fransızca Basımı:
De La Stratégie Judiciaire
Les Editions de Minuit, Paris, 1968

İlk Basım: Nisan 1988
Gözden Geçirilmiş Dördüncü Basım: Ekim 2013
Dokuzuncu Basım: Mayıs 2023

Kapak Fotoğrafı: Jacques Vergès portre.
Kapak Tasarımı: Emine Bora

Dizgi ve Baskı Öncesi Hazırlık: Metis Yayıncılık Ltd.
Baskı ve Cilt: Yaylacık Matbaacılık Ltd.
Fatih Sanayi Sitesi No. 12/197 Topkapı, İstanbul
Matbaa Sertifika No: 44865

ISBN-13: 978-975-342-722-7

JACQUES VERGES

SAVUNMA SALDIRIYOR

Çeviren:
Vivet Kanetti

metis | siyahbeyaz

İÇİNDEKİLER

"Ordu, polis ve adaleti içeren Devlet çarkı bir sınıfın bir başka sınıfı ezmek için kullandığı araçtır."

MAO ZEDUNG

Zaferin Ardından Durumumuz ve Siyasetimiz

TÜRKÇE BASIMA ÖNSÖZ

Hukuk Stratejisi'nin (*Savunma Saldırıyor*) Türkçesi gayretlerinizle çıkabildiği için sevinçliyim.

Savunma'nın Haklarına saygı Hukuk Devleti'nin temelidir.

Ancak yutturmacanın bu denli büyük rol oynadığı çok az toplumsal yaşam alanı mevcuttur.

Tumturaklı sözlerin gerisinde alçakça manevraların sürünerek yaklaştığını görmek muazzam bir uyanık kalma çabasıyla mümkündür.

Bu denemeyi adaletin gizli mekanizmalarına ışık tutmaya vakfettim.

Dilerim Türkiye'de kamuoyunun hep daha fazla demokrasi için verdiği aralıksız mücadelesine yardımcı olur.

JACQUES VERGES,
Mart 1988, Paris

Giriş

KİMSİNİZ?

SUÇSUZ TOPLUM gülsüz gül fidanı gibidir: Tasavvur edilemez. Çelişki bizatihi varoluşunun önkoşuludur, suç da hayatın, değişmesi için kendisine çaktığı işaret. Uruffe papazının cinayeti gibi tek adi vaka Kilise mensuplarının çetin bekâret sorununu Konsillerden önce en acil ifadelerle ortaya atıyor, Liège'deki ötanazi davası tıp etiğine, eşzamanlı gelişim sergileyen bilim ve ticarete ayak uydurmasını salık veriyordu.

Davanın işlevi bireyler ile toplumlar arasındaki çelişkileri çözmektir. Bizzat sanıkların rızasıyla – hiç değilse boyun eğişiyle. Sosyal savunma, ıslah, topluma kazandırma, af, sınama gibi büyük lafların ardında toplumun hedefi yaramaz çocuklarını yola getirmektir ve bir yargıcın düşebileceği en ağır hata, iyi aile evladı ile yasa düşmanını karıştırmaktır. O zaman rolüne ihanet etmiş olur ki, bu rol sanığa kendini keşfettirerek teslim olma imkânı vermektir. *Suç ve Ceza*'da Sonya, *Kovalanan Adam*'da Léontine: Sorunlu her katilin gönlünde bir fahişe yatar. Salt Slav ruhuna ya da yeraltı dünyasına özgü değildir bu. Kendini Komün'ün Bonaparte'ı sanan subay Rossel, ölmeden önce "karara saygısını" belirtmek üzere yargıcı ve celladı Albay Merlin'in elini sıkmak istedi. Merlin reddetti. Hata etti: Rossel sömürge seferlerinde kullanılabilecek kıvamdaydı.

Ancak Devlet'in bağrında yabancı hücreler misali tehdit edici güçlerin boy attığı da görülür. İddiaları var olan düzeni doğrultmayıp yıkmak ve yeni bir düzen kurmaktır. Her tür uzlaşmayı devre dışı bırakan çelişkilerdir bunlar. Adaletin görevi, çelişkiler iç savaşa ve kitlesel bastırmalara varmadıkça, onları eldeki imkânlarla çözmektir ve bu olmayacak iş değildir, zira sanık her zaman müjdelediği yeni dünyanın bilincinde olmaz; çoğu kez yargıçlarıyla eski yasaların er meydanında yüzleşmeyi kabul eder, hele, tarihin cilvesiyle, o yasalar geçici olarak kendisine lütufkâr davranıyor gibiyse.

Devlet güçlüyken adalet gerçekten Devlet meselesidir; ama buhran içine düşmeye görsün, yeniden büyük harfle kuşanan Adalet'e hesap vermek zorunda kalır. Artık hükmedecek gücü kalmadığı için, kudretli döneminde koyduğu kuralların bu kez karşısına dikildiğini görür. Oysa ki, ister ilah gibi süslensin ister paçavralara bürünsün, adaletin yönetici sınıflar emrindeki işlevi hiç değişmez: Yasanın çiğnenmesiyle ortaya çıkan toplumsal çelişkileri o sınıfların lehine çözmek.

Bunlar sahte uyum ya da örtük kopuş davalarıdır. Tarafların en azından biri yasayı ve ahlakı kabul ediyormuş, hatta savunuyormuş görünerek, sorunu baştan kendi siyasal çıkarı doğrultusunda ortaya atar. Peçesiz yürümeyecek kadar ihtiyatlıdır; demirden suretine bir yasa maskesi takar.

Can sıkıcılar uzun duruşmalar tünelinde asla mutlak bir kopuşun parıltısıyla aydınlanmayacak, rakiplerin kör dövüşe giriştikleri bu kâbus davalara bayılırlar. Savaştan ya da ticaretten ne daha zâlim ne daha mülayim olan bu dünyayı anlamaya çalışsalar daha iyi ederlerdi.

Pek çok adli hata başından itibaren birer siyasal hata değildi. İşler sarpa sardığında siyasal hataya dönüştüler. Örneğin, Amerika Birleşik Devletleri'ndeki Rosenbergler davasının amacı, bir casusluk gerçeğini ortaya sermek değil, SSCB'nin teknolojik sıçrama skandalını Moskova ajanları diye damgalanan Amerikalı komünistlerle, ilericilerin vatan hainliğiyle açıklamaktı. Son dakikaya dek bağışlanmaları için gereken, suçsuzluklarını kanıtlayacak yeni bir veri değil, suçlarının itirafıydı.

Apolitik adalet maskesi altında baş gösteren, kopuş davaları – ister açık kopuş, ister aldatmaca uyum olsun– mantığıydı: anti-adalet. Burada suçlu masum, masum suçludur. Olumsuz bir işaret hafifletici nedenler getirir; olumlu bir işaret ağırlaştırıcı nedenleri mümkün kılar.

Ceza davasının üslubunu belirleyecek temel ayrım sanığın toplumsal düzen karşısındaki duruşudur. Düzeni kabul ederse dava mümkündür; gerekçelerini ortaya döken sanık ile değerlerine saygı gösterilen yargıç arasında diyalog kurulur. Sanık eğer düzeni reddederse hukuki mekanizma dağılır; bu bir kopuş davasıdır.

Sorun yokluğu nedeniyle dava yokluğu –adaletin sıfır noktası– ile kopuş davasının engin coşkunluğu arasında yüz farklı renk tonuna, yüz farklı dereceye yer vardır, muhakkak.

Kopuş davası, uyum davası; bunlar sadece birer şemadır. Kopuş her zaman mutlak değildir, uyum nadiren mükemmeldir, boyun eğiş hiçbir zaman isyandan tümüyle muaf olmaz. Ve dava senfonisinde iddia makamı ile savunma birbirinin karşısına dikilirken diğer müzik aletlerini de hesaba katmak şarttır: müdahil taraf, basın, daha genel olarak kamuoyu, tanıklar, bizzat yargıçlar, jüri üyeleri. Louis'nin davası Saint-Just'ün cephesinden bakınca kopuş davasıdır; kralın cephesinden yaklaşıldığında, mana verilemez bir dava.

Adi suç davası ile siyasi dava arasındaki eski ayrım ikincil önemdedir; adi suç davaları çoğu kez uyum, siyasi davalar çoğunlukla kopuş davaları olsalar da – zira bu iki tanım illaki örtüşmez.

Tüketim toplumlarında pek çok siyasi çatışma salon çatışmasına dönüşmüştür; devletlerin mutlak bozgununa varan ihtilalci savaşlara kıyasla sonuçları pek cılız kalmış 18. yüzyıl savaşları için kullanılırdı bu terim, İhtilal zamanında. Soylu gerekçe artık sadece önemsiz siyasi suçların burjuva saygınlık talebidir.

Oysa toplumun kıyısında, kendilerine şiddet ve zulüm reva görülenlerin cephesinde olgunlaşan suçlar daha derin kopuşları seslendirirler. Açlık, işsizlik, fuhuş adi suçlar alanına girse de. Portreleri virane duvarlarını süsleyen Cartouche ve Mandrin birer kopuş kahramanıydı.

Rakipler iki duruş (kopuş ve uyum) arasında seçim yapma hakkına sahip olduklarında belli başlı üç bileşim olasılığı belirir: uyum-uyum, uyum-kopuş, kopuş-uyum.

İlk varsayımda, iyi oynamak koşuluyla, iki taraf aynı anda kazançlı çıkabilir. Düşman, dosya, yani Kader olduğuna göre.

İkinci ve üçüncü varsayımlarda kopuşu seçen, kaybettiği anda masayı devirme olanağına sahiptir; oyunun hâkimidir. III. Richard ile Lady Anne'ın karşılaşmasında adli cephedeki değişimin –uyumdan kopuşa– getirdiği kazançları hayranlıkla izleyelim. Lady Anne'ın kocasını, ardından pederini, nihayet aralarındaki açık tabutta cesedi boylu boyunca uzanmış kayınpederi VI. Henry'yi öldüren Richard, önce cinayeti inkâr etmeye çalışır. Ancak Lady Anne onu itirafa zorlar. O zaman Richard öldürdüğünü kabul etmekle yetinmez, Lady Anne'ın yatağına girme talebinde de bulunur.[1] Lady Anne yenilmiştir, kabul eder.

Bir davanın üslubu, böylelikle, mütalaa ile savunma arasındaki karşıtlığın gerçek niteliğini en iyi açığa vuran araçtır: 1961'de Kudüs'te "nihai çözüm"ün, altı milyon Avrupalı Yahudinin bilimsel katliamının başlıca sorumlularından SS albayı Eichmann'ın davası başladığında, tarihin en büyük kopuş davalarından birine tanık olunacağı düşünülebilirdi. Görülen, bir uyum davası oldu. Kudüs yargıçlarının Eichmann aracılığıyla mahkûm ettikleri emperyalizm değildi, onunla dayanışma halindeydiler, emperyalizmin nazizmle büründüğü şekildi; cinayet değildi, sadece cinayetteki hırpanilikti. Bu ışık altında, nazizmin vahşetleri bir tür Cermen Mar-

1. "Richard'ın ilk zaferi buradadır. Yalan söylediği, aldattığı, cinayeti inkâr ettiği sürece, ahlaki düzenin varlığını kabul ediyordu. Şimdi, onu toz etmiştir." Jan Kott, *Çağdaşımız Shakespeare*, çev. Teoman Güney, İstanbul: Mitos Boyut, 1999.

quis de Sade'ın dehşetengiz kâbusu, bir ruh hastalığına dönüşebildi; psikopata dönüşen Eichmann da bizzat bu hastalığın kurbanı olduğunu iddia edebildi. Bugün Asya'daki açlığın siklon gazından daha öldürücü olduğunu, kimsenin de başını belaya sokmadığını bilen yargıçların karşısına, "kötülüğün dile sığmaz, ürkütücü sıradanlığı"[2] sorununu dikti.

Dava eğer toplumsal çelişkileri bireysel görünümlerle gün ışığına çıkarmaksa, hedefi belirleyen her zaman siyasettir; terimin en geniş anlamıyla. Bu hedef, yenme isteği güçlüyken biricik ve berrak, zayıfken karmaşık ve bulanıktır.

Çağdaş siyasetçiler eski davaları iyi incelemelidirler. Bir sanığın, yeter ki hedefi kafasında berrak olsun, nasıl zor bir zafere yürüyebileceğini öğrenebilirler. Örneğin İsa: Azap'sız, Çarmıh'sız, bugün ne şanı aynı olurdu ne de ölümsüzlüğü.

"Hasat beyazı" bir dünyada din adamlarının, ölümüne karar verdiğini biliyordu. Kaçmak için kılını kıpırdartmadı. Davası, başından itibaren, bizzat tasarlayıp biçimlendirdiği bir çiledir. Diriliş'e dek her evresi, bir trajedi sahnesi gibi, ölümcül sonu amansızca hazırlar.[3] Görevi, çatışmayı kışkırtmışken çatışmaya maruz kalmış görünmek, insani zaaflar sergilerken Tanrı metanetine sahip olmaktı. Yumuşacık bir sesle küfürleri savururken akıllarda sadece uşakların indirdiği tokatlar, askerlerin başına oturttuğu dikenli taç kalır. Savcının onu kurtarmak için harcadığı beyhude çaba unutulur gider. Ve baştan aşağıya zamanın yargılama usullerine uygun, "diğerleri gibi" olan davası, skandal niteliğine bürünerek yüzyılları kucaklar. Golgotha'ya* tırmanırken üç kez düştüğü kısa

* İsa'nın çarmıha gerildiği küçük tepe. *–ç.n.*

2. Hannah Arendt, *Eichmann in Jerusalem: A Report on the Banality of Evil*, New York: Viking Press, 1963; Türkçesi: *Kötülüğün Sıradanlığı: Adolf Eichmann Kudüs'te*, çev. Özge Çelik, İstanbul: Metis, 2009.

3. Aziz Jean-Baptiste'in korkunç, edebi ölümü ne İsa'yı saygıyla eğdiren olağanüstü kişiliğine ne öğretisine bir şey kattı, zira ölümünün cismi olmuştu, oyuncusu değil.

yolda kararlı bir filozof gibi değil, herkesin terk ettiği sürgün gibi ıstırapla yürür –öyle olması gerekiyordu. Çektiği, kölelerin azabıdır. Yanındaki uyum haydutları dahi ona, o kopuş suçlusuna çatarlar. İncil'in yazılması için böylesi gerekliydi. "Ve ben bir yer kurduyum ve insan değil, insanların yüz karası ve halkın çöpüyüm."

Ne kadar etkileyici, ne denli sade ve güzel! Bir de Ben Barka davasını düşünün. Kübalı ajitatörlerin, yerli subayların, üç taraflı ajanların, üçkâğıtçı sahtekârların bir ağızdan bağrıştığı ve her birinin ayrı telden çaldığı o davayı... İsa'yı ilerici bir Romalı avukat tarafından savunulurken tahayyül edebilir misiniz hiç? Ya da bölgenin münevver bir savcısının yaşamına övgüler düzdüğünü?[4] "Kimi ölüler Tayşan dağından ağırdır, kimileri tüyden hafif" diyordu Sema Tsien.

Kimsiniz? Neyi temsil ediyorsunuz? Nedir tarihteki varlık nedeniniz? diye soruyordu 1925'te komünist sanık Rakosi, naip Horthy' nin yargıçlarına. Yargıçların, savcıların ve sanıkların her dava eşiğinde kendilerine sormaları gereken sorulardır bunlar.

4. Gidip onun bedenine sahip çıkma saygısını gösteren Arimathyalı Joseph, duruşmaya gelmeme inceliğini de göstermiştir.

Birinci Bölüm

UYUM DAVALARI

DOKTOR ADAMS'IN DAVASI

UYUM DAVALARININ tüm özelliklerini, bu davaların temel gereksinimi olan kurulu düzene saygı belirler – sanık ister suçsuzluğunu ileri sürüp olayları inkâr etsin ister suçluluğunu üstlenip olayların olağanüstü koşullarını aydınlatsın.

Sanığın olup bitenleri inkâra gittiği genel durumda, dava şu sorular çevresinde odaklanır: Suç kesinleşmiş midir? Soruşturma ve polis tahkikatı inandırıcı mıdır? Sanığın suçu işlemek için özel nedenleri var mıdır?

Sanık, suçsuzluğunu değilse de, en azından suçluluğuyla ilgili delil yokluğunu kanıtlamaya çalışır; tanıkları, bilirkişi raporlarını, tahkikatları, yani soruşturmacıların nesnel ve öznel hatalarını eleştirir –zaten bu alandaki bilimsel gelişmeler, her gün hem kuşkuyu hem güveni pekiştirecek yeni veriler getirmektedir– ve delil eksikliği sanığa yaramalıdır, zira kendisiyle barışık bir toplumda bir masumun cezalandırılmasına yol açan hukuki hata suçlunun beraatinden daha ağır bir potansiyel düzensizlik nedenidir.

Beraat ettirilen sanık hizaya girer. Cinayetle suçlanmış Marguerite Marty restoran açmış, zehirleme suçundan tutuklanmış Marie Besnard gene hayırsever bir hanımefendiye dönüşmüştür. Uyum savunması, gerçekten, mükemmel seviyesine çoğunlukla adi suç davalarında ulaşır.

1957 Londrası'nda Doktor Adams'ın davası işte bu türden bir davadır.[1] Kurbanla sanığın ikisi de İngilizdir, ikisi de yüksek burjuvazi mensubudur. Yargıçlarıyla aynı dünyadan gelirler, dolayısıyla aynı ahlakı ve aynı "hakikat"i talep etmektedirler.

1. Bkz. Frédéric Pottecher, *Grands Procès* (Üç Dava), Paris: Arthaud, 1964.

Yetenekli bir hekim olan doktor Adams, otuz beş yıl önce Londra'nın güneyindeki küçük deniz şehri Eastbourne'a yerleşmişti ve oradaki zengin emeklilerin çoğu onun hastasıydı. "13 Kasım 1950'de, seksen iki yaşında ölen Edith Morrell'e ciddi miktarda morfin ve eroin vermiş olmakla" suçlanıyordu: 164 tablet, ayrıca 1629 uyku hapı, 1928 sedormin hapı. Yaşlı kadının bıraktığı 157 bin sterlinlik mirastan Doktor Adams'ın payına bir Rolls Royce, bir gümüş sandık düşüyordu. Cinayetin nedeni görünürde menfaatti.

"Bayan Morrell 13 Kasım günü öldü. Adams 9, 10 ve 11 Kasım günleri altışar tabletlik reçeteler yazdı. Vefat arifesinde, ayın 12'sinde, normal doz yirmi dört saatte çeyrek tablet iken tek gün için 12 tabletlik reçete hazırladı. Bu, cinayet niyetini açık etmiyor muydu?" Davranışları da tuhaftı: "Eastbourne'da hastasının cinayete kurban gittiği bildirildiğinde, 'Cinayet mi? Hadi kanıtlayın!' dedi sadece. Gözaltına alındığında polislere 'Kanıtlamayı başarabileceğinizi düşünmezdim,' deme cüretini gösterdi. Tutuklandığında polisler doktorun, asistanı hanıma 'Gökyüzünde buluşuruz,' diye fısıldadığını duydular."

"Bayan Morrell'in öldüğü gün, sanık, hastasının yakılma işlemiyle ilgili formaliteler için Eastbourne Belediyesi'ne gitmişti. Yasalar gereğince, 'Bildiğiniz kadarıyla, Bayan Morrell'in ölümü size maddi menfaat sağlayacak mı?' sorusuna cevap vermek zorunda kaldı. Cevabı ne oldu? Bayanlar baylar, sanık yazılı olarak 'Bildiğim kadarıyla, hayır' diye cevap verdi – oysa hastasının ölümünden evvel notere gitmiş, vasiyetnameye Rolls Royce ve mücevherlerin bağışıyla ilgili bir kayıt eklenmesini talep etmişti."

Londra'da Old Bailey mahkemesinde dava başladığında iddianame bu minvaldeydi. Uluslararası Nürnberg mahkemesinin eski başkanı Sir Geoffrey Lawrence'ın üstlendiği savunma, bu iddianameyi nokta nokta çürütecektir. Zehirleme ithamını, müvekkilinin davranışlarıyla ilgili iddiaları, nihayet doktoru cinayete itmiş olabilecek çıkarıyla ilgili iddiaları.

Savunma, önce tanıkları saf dışı bırakır. Aleyhte tanıklık eden hastabakıcılara, Doktor Adams'ın yarı komaya girmiş Bayan Morrell'e "değişik morfin ve diğer bazı iğneler" yaptığını doğrulattıktan sonra, hastaya verilen hizmetleri, hastanın tepkilerini not ettiği ve iddianame tarafından ihmal edilmiş kendi defterlerini önlerine sürer.

"Aslında bu defter sizin seyir defteriniz, öyle değil mi Bayan Stronah?"

"Evet."

"Güzel. Bu defterde Bayan Stronah, Bayan Morrell'in başucunda nöbet tuttuğunuz son günün çok daha iyi geçtiğini not etmişsiniz: 'Hasta sakin, çevresinde cereyan eden şeylerle ilgili', bir de: 'Çok daha iyi bir gündeyiz.'"

"Elbette."

"Bundan çıkardığım sonuç şu: Eastbourne'da, tıpkı buradaki ifadelerinizde olduğu gibi, belleğiniz size ihanet etmiş..."

"Bilmem ki..."

"Bilmiyorsunuz, ama defterleriniz sayesinde, biz biliyoruz. Dikkat çekici bir diğer nokta, bize sözünü ettiğiniz o bir nevi komadan da notlarınızda bahis yok. Sanırım, yarı yarıya bilinç kaybı demiştiniz. Buna benzer bir şey yok defterlerinizde. Huysuzluklar, korkunç öfkeler not etmişsiniz. Bunlar tamamen farklı şeyler."

"Tamamen."

"Değil mi? Güzel. İzninizle Bayan Stronah, bir soru yönelteceğim: Sizce, bilincini yarı yarıya yitirmiş bir hasta, 2 Kasım 1950' de, yani son nöbet gününüzde, şu defterlere kaydedilmiş öğle yemeğini yiyebilir miydi?"

"Öğle yemeği mi?"

"Bayan Stronah, lütfedip bize hastabakıcı Mason Ellis'in hastaya götürdüğü yemekleri okuyunuz."

"Burada yazılı olan şu: 'Yulaf çorbası, keklik palazı, kereviz, puding, konyak ve soda.'"

"Ne dersiniz Bayan Stronah?"

"Altı yıl sonra, hatırlanamıyor ki..."

"Tabii."

"Bunlardan mutlaka hastaya çok az miktarlar verildi..."

"Bayan Stronah, şunu mu söylemek istiyorsunuz: Yarı komada olan bu yaşlı kadına az miktarda keklik palazı, az miktarda yulaf çorbası, az miktarda kereviz, az miktarda pudding, vesaire verildi."

"Evet."

"Evet mi? O zaman ben de şimdi şunu söyleyeyim Bayan Stronah: Sizin de pek az miktarda belleğiniz var."

Diğer tanıkları da eledikten sonra, savunma, iddianamenin bilirkişisi, Guy's Hastanesi'nin en kıdemli doktoru, Kraliyet Tıpçılar Koleji üyesi, Materia Medica'nın müdürü ve "Reçeteyle yazılan ilaçlar ölümle sonuçlanması kaçınılmaz bir hatalar toplamıdır. Bu inanılmaz morfin ve eroin miktarları, beni, ölüme yol açma niyetinin mevcudiyetini kabul etmek zorunda bırakmıştır," diyen Doktor Douthwaite'e karşı hücuma geçer.

Karşısına bir başka uzman, zehirbilimci Doktor Harman'ın görüşünü çıkarır:

"Ölmek için hangi miktarda morfin almak gerektiğini biri bana söyleyebilse, çok memnun olurum. Bu konuda kimsenin bir şey bildiği yok. Tek bilinen, bu maddenin önemli miktarlarda alındığında solunumu yavaşlattığı, tüm motor organları felce uğrattığıdır ve bu nedenle bazen, pek ender olarak, mutlak zehirlenme ve boğulma olaylarının görüldüğüdür. Yargı kurulunun dikkatini çekerim, hastabakıcı Randall 13 Kasım vefat gecesi defterine şunu yazmış: 'Solunum 50.' Bunun morfin zehirlenmesiyle alakası yok, kesin; çünkü solunum tıkanması yok. Hayır, hayır, ben burada kalp yetmezliği görüyorum. Her gece binlerce ihtiyar bu şekilde ölüyor. Tabii vücuttaki zehir dışarıya atılabilirdi; ama bu öyle basit değildi. Onu kurtaramazdı. Bayan Morrell'i kurtarmak mümkün değildi. Bayan Morrell yıpranmıştı."

Yani Doktor Adams'ın uyguladığı tedavinin Bayan Morrell'in ölümüne yol açtığı belirlenmiş değildir.

Savunma avukatı, Neston Cottage Hastanesi'nin sicillerini getirterek ikinci sürprizi yaratır: Doktor Adams, tedaviyi başlatma kararını almış hekim de değildir. Bayan Morrell ona başvurmadan önce felç geçirmiştir.

"Hemen bu hastaneye kaldırıldı, burada kendisine ilk morfin iğneleri yapıldı. Yani hastayı morfinle tedavi etme kararı Doktor Adams'a ait değil. Şunu aklımızda tutmalıyız: Hastanedeki doktorlardan sonra devreye giren Doktor Adams tedaviyi sürdürmek zorunda kalmıştır. Artık morfini kesmesi mümkün değildi: Morfini kesseydi, Bayan Morrell'i öldürebilirdi!"

Geriye, doktorun davranışları kalıyor. Scotland Yard'ın canavar polisi Bay Hannam'ın soruşturmasına saldırmanın zamanıdır.

"Doktor Adams'la ilk görüşmeniz nerede gerçekleşti?"

"Eastbourne'un küçük bir sokağında. Saat akşamın dokuzuydu, doktorun evinin arkasında, garajının yakınlarındaydım."

"Akşamın dokuzunda orada işiniz neydi?"

"Bilmem... Dolanıyordum."

"Karşılaşmanız tesadüfi yani?"

"Evet."

"Demek, dolana dolana, altmış bin nüfuslu kentte, tam Doktor Adams'ın garajının bulunduğu küçük sokağa vardınız. Ne tuhaf rastlantı! Bizi böyle bir şeye inandırmayı ummuyorsunuz herhalde..."

"Daha önce söylediğimi bir kez daha yineliyorum: Bu bir rastlantıydı."

"Doktor Adams'ı izlediğinizi itiraf etseniz daha iyi edersiniz bence."

"İtiraf edecek hiçbir şeyim yok."

"Yani Doktor Adams, orada, akşamın dokuzunda, rastlantı sonucu, Bayan Morrell'in kendisini vasiyetnamesine katma niyetinde olduğunu size anlattı, öyle mi?"

"Bayan Morrell, ölümünden aylar önce bazı bağışları yadigâr olarak kabul etmesi için doktora ısrar etmiş; anlattığı buydu."

"Sonra?"

"Adams, zengin hastasının o günkü vaatlerinden aceleci bir sonuç çıkarmadığı konusunda bana teminat verdi. Ama yaşlı kadının kendisine bir şeyler, belki de Rolls Royce'unu bırakacağını biliyormuş."

"Bay Hannam, siz pekâlâ Rolls Royce'un Adams'a kalmadığını biliyordunuz."

"Ben mi?"

"Elbette biliyordunuz! Soruşturmanız ve Doktor Adams'la –tesadüfi– karşılaşmalarınız sırasında Bayan Morrell'in vasiyetnamesindeki hükümlerin tüm ayrıntılarına artık vâkıftınız. Bu nedenle, raporunuzda, Adams'a yakıştırdığınız sözleri siz uydurdunuz. Sorularınıza yanıtlar hayal ettiniz!"

"Tamamen yanlış! Raporumda kesinlikle Doktor Adams'ın ifadelerini kullandım."

"Doğru olamaz."

Ve gerçekten de değildir. Sir Geoffrey Lawrence, ithamdaki tüm iddiaları ele aldığı savunmasında şunları söyleyecektir:

"Cinayetin nedenini, bayanlar baylar, biliyorsunuz, değil mi: Bayan Morrell'in bıraktığı 1937 model Rolls Royce ile 275 sterlin değerindeki gümüş sandığına konmak? Ah, evet, biliyorum, bu mükemmel bir neden! İnsanlar başka insanları birkaç kuruş uğruna öldürüyor, bunlar görülmemiş şeyler değil. Ama bizim davamızda durum farklı. Doktor Adams'ın hastasının ölümünden hiçbir çıkarı yoktu, gerçekten. Noterin ifadesini hatırlayınız. Bayan Morrell'in mallarını ahtapot gibi yutmak isteyen Adams değildir; feshedilmiş ve yerine yenisi konmamış– bir vasiyetnameye uymaya karar veren Bayan Morrell'in oğludur. Şimdi her şey değişti, değil mi? Gene de, diyelim ki sanık hastasının ölümünden çıkar sağlayacaktı; onu da tahayyül edelim. Böyle bir adam, ne denli cani ve kurnaz olursa olsun, çok yaklaştığını bildiği bir sonu birkaç gün, birkaç hafta daha bekleyemez miydi sanıyorsunuz? Ne saçma, diyeceksiniz. Gerçekten öyle."

9 Nisan günü saat 11:45'te Doktor Adams özgürlüğüne kavuşarak mahkemeyi terk ediyordu.

MADAGASKARLI PARLAMENTERLER

ADALET Lenin'in "dünyanın en gerici kişileri" dediği hukukçuların anladığı şekliyle, uygulandığı şekliyle bir uyum adaletidir; şu basit nedenle ki, mahkemeler kuran her toplum, meşruluğuna saldıranları kendi ölçülerine göre yargılamak için yapar bunu. Bu nedenle bir kopuş olasılığı yargıçları hep şaşırtır, pek çok avukat ondan kaçınır; onlardan en fazla beklenebilecek, toplumu kendi ilkeleriyle çelişkiye düşürmeye çalışmalarıdır.

Yakınlarda Grenobl'da düzenlenen ve konusu siyasi adalet olan panelde, bir Fransız komünist avukatın savı şuydu: "Bir toplum özgürlük, eşitlik, kardeşlik ilkeleri üzerine kurulduğunu iddia ediyorsa, demokratik özgürlükler bu toplum tarafından kabul edilmişse ve o, kendisine karşı mücadele verenlerin peşine düştüğünde bu özgürlükleri çiğniyorsa, kuşku yok ki sanıkların görevi toplumu kendi ilkelerinin hizasına davet etmektir. Fransa bir sömürgeler imparatorluğuyken yerli topluluklara karşı bir dizi dava açtı; kendilerini savunmak için İnsan Hakları Bildirisi'ni ve Fransız anayasasının temel ilkelerini hatırlatmak bu toplulukların pekâlâ hakkıydı. Bu sadece akıllıca değil, aynı zamanda ilkesel bir mücadeleydi ve bu alanda dövüşmemeye hakkımız yoktur."

Ancak, Bordeaux'da Siyahi insan ticareti yapan şirketlerden hisseler kotarmış Voltaire'den bu yana biliyoruz ki, en yırtıcı demokratlar, tıpkı en katıksız cumhuriyet savunucusu hükümetler gibi, şahsi mal mülkleri ya da "milletin yüce çıkarları" söz konusu olduğunda ilkelerinin –hele denizaşırı yerlerde– ara sıra ayaklar altına alınmasına rahatça katlanırlar.

Diyalog isteği siyasi nedenlerle baştan mevcut değilse ve mevcut olması olanaksızsa, sanığın anlayış elde etmek için yapacağı her deneme, uyum davasını kusursuzca taklit etse dahi, korkunç bir hezimetle sonuçlanacaktır: Bir toplumun ideolojisindeki "bağımsız dinamik"in gerçekten bir sınırı vardır, o da midesidir.

Davaları Tananariv'de 22 Temmuz 1948'de başlayan Madagaskarlı parlamenterler bunun acı deneyimini yaşamışlardır.

1947 yılında, Mart ayının 29'unu 30'una bağlayan gece, Madagaskar'da bir isyan patlamıştı. Moramanga'da Fransız askeri kampına saldırı düzenlenerek içerideki silahlara el konulmuştu; kuzeydeki büyük deniz üssü Diego-Suarez'de silah deposuna girilmiş, Fianarantsoa'da, Yüksek Platolar'ın güneyinde elektrikler kesilmiş, Moramanga, Ambatondrazaka, Manakara kazalarında Avrupalılar öldürülmüştü. Fransız kuvvetleri hemen karşılık verdiler. İsyanı bastırmakla görevli taburlarla onlara katılan Avrupalı siviller, Moramanga'ya yürüyüp mahkûmları top ateşiyle katlettiler. Moramanga ve Manakara hapishanelerindeki tutuklular, kadınlar dahil, kitle halinde öldürüldüler. Zorla uçaklara bindirilen Ambohimanga sakinleri, köylerinin üzerine diri diri fırlatıldılar. Bu arada, büyük Tamatav limanını adanın geri kalan bölümünden kesmeyi başaran isyancılar, neredeyse tüm doğu kıyısını kontrol altına almışlardı.

Nisanın ilk günlerinde bir kararname *Madagaskar'ı Yenileştirme Hareketi* MDRM'nin feshedilmesini emrediyor, Madagaskar'da bulunan tüm yöneticiler tutuklanıyordu. Parlamenterler hariç hepsi *Genel Güvenlik* binasında gözaltına alınıyor, bir yıl önce Fransa'dan gelmiş yeni müdürün gözetiminde işkenceden geçiriliyorlardı. Sorgu yargıcı, karşısına çıkarıldıklarında itiraflarını geri alan tutukluların yeniden polis sorgusundan geçirilmesini onaylıyordu.

Tananariv yargıçlarına, savcılarına birçok eleştiri yöneltilebilir, açık oynamadıkları söylenemez. Hepsi, başından itibaren ve o bitmek bilmez dava süresince, davanın siyasal önemini vurgulamaktan haz aldılar. Müdahil taraf avukatı Mollet-Vieville'in görüşü şuydu: "Dünyanın bugüne dek gördüğü en büyük sömürge davalarından biri olan bu dava, bir denizaşırı Fransız toprağının kaderini aniden tehlikeye atmakla kalmayacak, vereceğiniz kararın sonuçları ulusal çerçeveyi aşacak, sömürgelerle ana ülke arasındaki tüm uluslararası ilişkiler için emsal teşkil edecektir. Sömürgeciliğin en önemli evrelerinden biri sayılabilecek bir çatışmaya hakemlik edeceksiniz."

Ceza mahkemesi başkanı duruşmaların başlangıcındaki açılış konuşmasında olaylardan çok sanıkların tüm militan yaşamlarının göz önünde tutulacağını gizlemedi: "Size diyeceğim şu ki, siyasal tutumunuz ile 29 Mart olayları arasında neden sonuç ilişkisi mevcuttur. Bu neden sonuç ilişkisinin size karşı suç delili oluşturmadığını hemen belirteyim. Ancak çok açıktır ki bu ilişki, şu âna dek üzerinde hiçbir açıklama getirmediğiniz ve acilen dağıtmanız gereken bir hava oluşturmaktadır. Ravoahangy, Raseta ve Rabemananjara... açıklamalarınızın eşiğinde, dosyanız bir bakıma henüz açılmamışken, bu ilişki sırtınızda yüktür."

Savcılık, 1810'dan beri ilk kez başvurulan ceza yasasının 313. maddesiyle parlamenter sanıklara isyan sürecindeki "suç ve cinayetler"le ilgili kolektif sorumluluk yüklemek istediğini de belirtiyordu.

Cezayir Ulusal Kurtuluş Cephesi - FLN militanlarının duruşmalardan bekledikleri tek şey vardı: Kendilerini ezmeye çalışan adaletin rezilliğini gözler önüne sermek. Madagaskarlı parlamenterlerin davası, aksine, diyalog koşullarına varmak amacıyla sarf edilmiş acılı ve beyhude bir çabaydı.

Savunma, pek önemli tanık Samuel Rakotondrabe'in öldürülmesi üzerine Yargıtay'a başvurup davanın Tananariv ceza mahkemesinden alınmasını, metropoldeki [Paris] "daha soğukkanlı" bir mahkemeye devredilmesini talep etmişti. Yargıtay bu talebi geri çevirdi. Ret gerekçesi... tanığın infazından sorumlu yüksek görevlinin yazıp yolladığı, duruşmalar süregiderken Tananariv'de düzeni koruyacağına dair vaatte bulunduğu mektuptu. Bu vaatten ötürü ona güvenilebilirdi.

Savunma daha sonra, "parlamenterlerin dokunulmazlığını kaldırma oturumunu takip eden tüm kovuşturmaların geçersiz sayılmasını" talep etti. O oturumda sadece devletin iç güvenliğine halel konu edilmişti, oysa 313 no'lu maddeden açılan kovuşturma ölüm cezası getirebilirdi. Savcı, bu talep karşısında mahkemeye Denizaşırı Fransız Toprakları Bakanı'nın telgrafını sunmakla yetindi. Bakan, Madagaskarlı parlamenterlerle ilgili yeni kovuşturmalar açmak için Millet Meclisi'nden izin isteme şartını kaldırıyordu.

Ceza mahkemesi, üç Fransız Millet Meclisi üyesiyle alakalı bir üst kararı Madagaskar'daki isyanı bastırmadan sorumlu bakanın eline teslim eden yorumu kabul etti. Daha sonra Yargıtay da bu kararı onaylayacaktı.

Usul müzakereleri ardından MDRM yöneticileri kendilerini savunmaya çalıştılar. Ancak, isyandan birkaç gün önce tüm şubelerine yolladıkları, halkı sükûnete davet eden telgraf üstünde mi duruyorlardı? Bu telgraf isyan gününü, saatini bildiren şifreli bir mesajdı, yanıtını alıyorlardı. Politbürolarının sözde gizli toplantısı sırasında, sadece milletvekillerinin Meclis komisyonlarına dağılımını tartıştıklarını mı hatırlatıyorlardı? Bu liste, bir geçici hükümette bakanlık dağılımı olarak sunuluyordu. Önemli bir tanığın desteğine mi başvuruyorlardı? Tanık kurşuna dizilmiş oluyordu.

Bütün bunlara rağmen, binlerce Madagaskarlı ormanda mücadele vermeye devam ederken, sanıkların büyük çoğunluğu en sert sözcüklerle isyancıların "barbarlığını" ve "şiddetini" "mahkûm ettiler", "kınadılar", "mimlediler", "alçalttılar".

Ardından sükûnete davet telgraflarıyla alakalı Güvenlik'in yorumlarını çürütmeye koyulup bunu gayet de yetkince yaptılar. Tananariv Bölge Meclisi'nin 2. Başkanı Stanislas Rakotonirina, Güvenlik'in bizzat müdürü ve yardımcısı tarafından sığır siniriyle kırbaçlanarak dövüldüğünü, iki kez düzmece mahkemeler önüne çıkartılıp, itiraf etmeyi reddettiği için ölüme mahkûm edildiğini anlattı. MDRM'nin Yönetici Sekreteri Martin Rakotovao, kendisinden istenen her şeyi itiraf etmeyi kabullenene dek tabi tutulduğu kırbaçlamaları, suda boğma denemelerini ayrıntılarıyla ortaya döktü. Tananariv hapishanesindeki revir defterlerindeki bilgiler, sanıkların bedenlerinde görülebilen ezikler hiçbir kuşkuya yer bırakmıyordu; öyle ki, parlamenterlerin tutuklanmasına yol açan telgraf olayı iddia makamı için ikinci derecede bir öğeye dönüştü.

Zira 27 Ağustos 1948'de, Moramanga bölgesinden "bir küçük isyancı şef", Randrianarison, ormanda yakalanmış, el yazısıyla doldurduğu iki defter... bir ağacın dibinde bulunmuştu. Daha sonra kendisinin de ifşa edeceği, tahmini kolay koşullarda sorgulanan Randrianarison, Moramanga'daki isyanı örgütlemeye gelenin Milletvekili Ravoahangy olduğunu iddia etti.

Savunma, telgraf konusundaki zaferinin beyhudeliğini anladı. İsyanla ilgili tüm davaların birleştirilmesini –ki bu fiilen imkânsızdı–, duruşmalar yeniden başlayana dek milletvekillerinin salıverilmesini talep etti. Tabii mahkeme bu talepleri reddetti. O zaman sanıklar ve avukatları, susma kararı aldılar. Ama bu suskunluk –örneğin ileride göreceğimiz Salan'ın suskunluğu gibi– duruşmalar başlamadan siyasal olduğu açıklanan ilkesel bir duruş değildi; mahkemenin bir ara kararını takip ediyordu ve bu ara karar diğerlerinden ne daha fazla ne daha az rezildi. Ta başında susmak gerekirdi ya da, Atina'da Beloyannis'in yaptığı gibi, Shakespeare okumak: "Meseleniz beni ilgilendirmiyor. İngiliz şiirini tercih ediyorum."

Savunmanın tavrı, aksine, iddia makamına elindeki avantajı geliştirme imkânı sağladı. Duruşmaların bitiminden hemen önce savcı mahkemeye beklenmedik bir tanık daha çıkardı. Bu tanık, yani Ravelonahina, Ravoahangy'nin 24 Mart'ı 25 Mart'a bağlayan gece yolculuk etmiş olduğunu doğruladı. Savunmanın elinde, tanığın bir ara polise çalışmış olduğuna dair kanıt vardı, ancak sisteminin kapanına sıkışmış, kendini suskunluğa mahkûm etmiş olduğundan, bu gecikmiş tanıklıkla çarpışamıyor, mahkemenin yetkinliğini yadsımadığı için tanıklığın kullanılış usulüne karşı çıkamıyordu.

Oyunun kurallarına uyarak verilen mücadele böylece, ayrıntılarda zafer, esasta yenilgiyle sonuçlanıyordu.

Dava 4 Ekim 1948'de bitti: Madagaskarlı üç milletvekilinden ikisi, Ravoahangy ve Raseta, aynı suçtan yargılanan dört sanıkla birlikte ölüme, üçüncüsü Rabemananjara ömür boyu ağır hapis cezasına çarptırıldı.

Savunma, ortaya atılan sorunların önemine kıyasla oldukça cılız kalan son bir itiraz için Yargıtay'a başvurdu: Tam metni "Sanığın ve hatta savcının rızası olsa da, bir tanığın bir başka tanığa yapacağı tercümanlık geçerli sayılamaz" olan, ceza yasasının 322 no'lu maddesine rağmen, 14 Eylül günü bir tanık bir başka tanığa tercümanlık etmişti. Yargıtay bu itiraza davadan dokuz ay sonra, 7 Temmuz 1949'da, "hukuken", çevirmen Raharijaona Jacques'ın ... pekâlâ tanık Raharijaona Jacques'ın adaşı olabileceği, yargı metninde bunun aksi bir delil bulunmadığı şeklinde yanıt verdi. Sekiz gün sonra, Rakotondrabe'nin hayatını bağışlamayı reddetmiş olan Fransız devlet başkanı, Bastille'in alınışının yıldönümü dolayısıyla altı ölüm mahkûmunun cezasını kale mahkûmiyetine çevirdi.

Bunu kolayca yapabilirdi, çünkü isyan artık tecrite uğramış, iki yıllık bastırmadan sonra kırılmıştı. Hukuki müzakere bu iki yılda dikkati masumlar üzerinde yoğunlaştırarak iktidara beklenmedik bir oyalama fırsatı vermiş, herkes –sanıklar ve arkadaşları dahil– Madagaskar halkının Ulusal Kurtuluş Savaşı'nı, bu "toplu cinayet"i bastırmak gerektiği konusunda fikir birliğine varmıştı. Parlamenterlerin başına gelenleri duyunca yaşaran gözler, Rakotondrabe'nin ölüm cezası infaz edildiğinde kupkuru kaldılar.

Bir yıl sonra "demokratik görüş" bir "zafer" kazandı: Mahkûmların çoğu ana ülkedeki hapishanelere transfer edildiler. Bir altı yıl daha ve "kitlelerin yeni bir zaferi": Mahkûmlar salıverildi, kendilerine "ana ülke"de oturma zorunluluğu getirildi. Üç yıl sonra, nihayet Madagaskar'a dönmelerine izin verildi. Çektikleri artık hiçbir işe yaramıyordu: Bu zaman zarfında, sömürgelikten kurtuluş, gerçekten onlarsız gerçekleşmişti. "Barışçıl yoldan."

GENERAL CHALLE

UYUM SAVUNMASI, ister hakikat aşkıyla ister dosyanın dayatmasıyla suçluluğu üstlenmeye karar verdiğinde, suçun gerçekliğiyle ilgili tüm tartışma beyhudeleşir. İlgi eylemin koşulları ve sanığın kişiliği üzerinde yoğunlaşır. Savunma suçun olağanüstü koşulları, suçun kaçınılmazlığı üstünde ısrar ederek toplumsal tehlikesini azaltmaya çalışır. İstisnai olanın kaideleşme şansı yoktur. Savunma suçun sonuçlarını sınırlayarak cezasını azaltmak niyetindedir: "Vaka özel, koşullar özeldi," der Liège mahkemesi önünde, ötanazi suçlamasıyla yargılanan Doktor Casters. "Bence en tehlikelisi, hepimizi kurtaran bu kararın hukukta örnek oluşturabileceğinin düşünülebilmesidir."

Oidipus, Challe, Eichmann, kaderine boyun eğmiş ekmek çalan yoksul, rakibini öldüren "rezil olmuş" koca, kendilerini aynı şekilde savunurlar: Ön plana çıkarttıkları, kişiliklerinden de fazla, koşullardır. Sanık yaralarını, zaaflarını, hatta hatalarını ve dertlerini sergiler. Suçlu, kaderini sırtlayacağına, onun altında ezilir.

Çarkıfelek savı savunmanın en yararlı öğesidir, zira uzlaşmazları uzlaştırır. Oidipus, kendisini cinayetine doğru yürüten her adımı masumca atar. Annesiyle babasının onu dağda ayakları yara bere içinde terk etmesi, bu cinayetten uzak kalsın diyedir. Korint sarayından ayrılması, cinayetten kaçmak içindir. Yol üstündeki ihtiyarı, yani babasını, tesadüfen öldürmüş, Sfenks'i yendikten sonra kraliçeyle, yani annesiyle, kör harisliğinden evlenmiştir. Ta ki bir gün, her şey aydınlanana dek. O zaman İokaste kendini asar, Oidipus altın iğnesiyle gözlerine mil çeker, "kendini cezalandırır". Hem suçlu hem suçsuz. Sanık kendi kendini mahkûm edip olağanüstü bir cinayetten ötürü pişmanlığın dibine vurduğu andan itibaren dava kazanılmıştır.

Darbenin diğer iki generali, Salan ve Jouhaud, teşebbüsleri başarısızlıkla sonuçlanınca aynı yolda diretirken, Challe ve Zeller teslim olmuşlardı. İsyanın, tabiri caizse uzlaşmacı kanadını temsil ediyorlardı. Olaylar tartışmaya imkân vermeyecek derecede açık olduğu için, Challe'ın savunması Oidipus modeline göre örgütlendi.

Bu bakış açısıyla, nasıl "namus için öldürmüş kader kurbanı" katil değilse, Challe da bir maceracı asker değildi. Aksine cumhuriyetçiydi, "hatta diyebilirim ki, sol görüşlü bir cumhuriyetçi" (Baro Başkanı Arrighi).

Darbe öncesinde, kendi halinde bir emekli olarak, "bir şirket hesabına cam elyafı sorunlarını" inceliyordu, zira "ocağını tüttürmesi" gerekliydi, "yeni doğmuş bir torunu" vardı, onu "dert ediniyordu".

"Tarih, burada durmalı", Challe dedenin ömrünü huzur içinde bitirmesine izin vermeliydi, ama maalesef "eski silah arkadaşlarının kaygılı yüzüyle" kapısını çalmıştı. Tanık Villemain sanıktan "pek dokunaklı bir keder" yayıldığını, tanık Morin sanığın vicdanının "onu rahat bırakmadığını", General Nicot "kederden bitik" göründüğünü, derdinin dermansızlığını anlatırlar.

"Süratli, ama gayet yoğun bir soruşturma, General Challe'ın 22 Nisan hareketinin hazırlığından tümüyle habersiz olduğunu kesinleştirmiştir." Avukatı, sorgu makamı karşısında, kendi kullandığı tabirle, "bir bakıma, savcı bey, Challe hareket halindeki bir trene atladı," diyecektir.

Trenden indiğinde, artık Cezayir Direktuvarı adına hareket eden bir başkumandandır. Olayları inkâr etmez, ancak rolünün ve özgür seçiminin önemini küçültür: Trene bindikten sonra son durağa kadar gitmek zorunda kalmıştır.

Başkan: "Eyleminizin sadece askeri nitelikli olduğunu söylüyorsunuz ama dikkatinizi çekerim, bu yaptıklarınızda ağır şeyler var; direktuvar kurma işi hükümet icraatıdır, öyle değil mi?"

Challe: "Sayın yargıç, biz buna Direktuvar adını koymamıştık; onu ben sonradan öğrendim; bizim verdiğimiz ad Cezayir Yüksek

Konseyi'ydi, zor kullanarak gelen bir otoriteye, eninde sonunda bir isim takmak *gerekiyordu çünkü, değil mi?* İnkâr etmiyorum, bu konuda sorumlulukları üstleniyorum."

Başkan: "Yedi maddelik bir bildiri hazırladınız, öyle değil mi? 5. madde şöyle: 'Cezayir'i ve Sahra'yı terk girişimine doğrudan katılmış kişiler tevkif edilecek, Devlet güvenliğine karşı işlenen suçları belirlemek üzere hemen kurulacak askeri mahkeme önüne çıkarılacaklardır.' Bu bir hükümet icraatıdır."

Challe: "*Mecburduk,*[1] sayın başkan. İllegal bir eylem içinde olduğumuzun bilincine vardığımız andan itibaren, Cezayir'i huzura kavuşturmayı düşündüğümüz haftalar boyunca, belli ölçülerde hükümet icraatı yapmamız *gerekiyordu.*"

Başkan: "Legal hükümetin temsilcilerini tevkif ettiniz."

Challe: "Doğrudur, sayın başkan. Ama onları Transatlantique Oteli'ne yerleştirmelerini söylemiştim sanıyorum."

Savcı: "Bir otel söz konusuysa, sözlerimi geri alıyorum. Çevreyle ilgili cehaletimi itiraf ederim."

Baro Başkanı Arrighi: "Üstelik üç yıldızlı bir otel."

Savcı: "Bunlar bilmediğimiz şeyler. Bir kez daha cehaletimi itiraf ediyorum. Öğrenmenin yaşı yok."

"29 Nisan Salı günü General Challe, arkasında yeterince adam olmadığını ve Fransız Cezayiri'ni kurtaramayacağını anlar." O zaman, başkalarının daha tehlikeli bir yola soktuğu trenden aşağıya atlar.

"General Challe, hareketinin başarısızlığa uğrayacağını görünce, o çok önemli 24 Ocak 1960'ta karşısına dikilmiş bir silahı, yani Cezayir kentinin Avrupalı kalabalığını kullanmak istemedi. Hiç kuşku yok ki eylemini uzatabilecek ve resmi orduyu önemli ölçüde rahatsız edebilecek bir faktörden bile bile yoksun kalmayı tercih etti," der Albay Bocquet.

Kalabalığı sakinleştirdi, askerlerini kışlalarına geri gönderdi, teslim oldu.

1. Altını çizen benim.

Challe'ın bu tutumu daha mahkeme önüne çıkmadan arkadaşlarını inkâr etmekti. Pişmanlığı komploya katılışının sonuçlarını sınırlıyordu. Yüksek mahkemenin hoşgörüsüne hak kazandı: On beş yıllık ağır hapis cezasına çarptırıldı; suç ortağı Jouhaud ölüm cezasına, Salan ise çok etkili bir savunma sonunda ömür boyu hapis cezasına çarptırılmıştı.

Bu davayla ilgili François Mauriac, *Notlar*'ında şunları yazıyordu: "Bir insan kaderinde gelişen ani değişiklikler beni sarstı, allak bullak etti. Bu karşıtlıkta soluk kesen bir şey var. Felaket, bahtsızlığın doruk noktası, sarstı beni."

Ama Challe gözlerine mil çekmedi.

JULIEN SOREL VE HONORÉ RACADOT

SANIK suçunu üstlendiği durumda, hâlâ bağlı olduğu ilkeler ile bu ilkeleri reddeden suçu arasında bocalayışıyla, her uyum davasının sürüklendiği trajik boyuta ulaşır. Suçluluğun kabullenildiği davalar her zaman bir başarısızlığın romanı, bir yenilginin öyküsüdür; zira sanık, her şeye rağmen, mücadele ettiği kamu düzenini yetkisiz ilan edemez.

Raskolnikov'un gizli yarasıdır bu. Kutsala saygısızlık etmemek adına geri adım atar, cinayetin boyutundan ötürü değil. Napoléon'u örnek almıştı. Neydi yani iki zavallı beden, Vendémiaire'deki cesetler düşünüldüğünde? Neydi 300 ruble ve birkaç önemsiz mücevher, General Bonaparte'ın şahsi iç savaş bütçesini beslemek için Cumhuriyet kasasından söküp aldığı İtalya ordusunun milyarları yanında? Fark, Napoléon'un hem Vendémiaire'de hem İtalya'da kendisine sorular sormamasındadır. Halkın üzerine topla ateş açmak sadece balistik bir sorun yaratıyordu ve her tür yasallığın silinip süpürüldüğü yollardan süratle ilerleyebilmek için para şarttı. Bunlar zafer suçluyu terk ettiğinde suçtur; onun bayrakları altında yürüdüğünde sadece siyasi eylemlerdir. Raskolnikov'a gelince, onun kendi kendisine sorduğu sorular hiç bitmez.

Sanık yargıcı duygulandırabilir. Ancak bunu başarabilmesi için aralarında hakiki bir çıkar birliği olması şarttır. Gelişimin motorları olarak görülen kâr ve kişisel çıkara dayalı bir toplumda, bu birlik doğaldır. Suçlular dünyasıyla ülke idaresi ya da iş dünyası arasındaki sürekli gelgit bunu gayet iyi resmeder. Rubempré'ye "Kurallar böyle, onları kabul etmek gerek," diye öğütte bulunan Vidocq-Vautrin'in, o pek insani çehreli Lucifer'in* mesleki yükselişini bilirsiniz. Londralı gangsterleri de bilirsiniz. Hani ihtilaflarını çözmek için geleneksel adaletin usullerini taklit edip, Majestelerinin yargıçları gibi beyaz perukalara ve dantellere bürünen...

Ancak toplum adaletini gökyüzüne oturtsa da,[1] davadaki olayla ilgisiz nedenlerden ötürü sanığa anlayış göstermeyi reddedebilir.

Fransa'nın Kurtuluşundan sonra yazarlarla ilgili kara listeler hazırlayanlar bugün SSCB hükümetinin iki "edebi"ye verdiği –bu sefere mahsus tamamen yasal– cezalar karşısında küplere binerler. FLN mahkûmları işkence görürlerken suskunluk talep edenler, şimdi kalkıp OAS** mahkûmlarına yapılanlara isyan ederler.

"Tüm saygılara en layık kadın"ın hayatına kastetmekten yargılanan Julien'in idama mahkûm edilişi, mevki sahibi kişilere meydan okuma cüretindendir: "Bana baktığınızda kaderinin alçaklığına isyan etmiş bir köylüyü görüyorsunuz." Gerçek bir vakadan esinlenmiş bu dava, adaletin adi suç alanında dahi mevcut olan siyasi içeriğini gün ışığına çıkarır.

Köy küçük burjuvazisine mensup bir genç adam, ailesinden ayrılıp Paris'e gelir. Aşkla hırsı karıştırarak, oyunlarına ve hesaplarına kattığı bir kadını öldürür; genç adamın kafası giyotinle kesilir. Stendhal'de, yüzyılın şafağında, bu gencin adı Julien Sorel'dir;

* Şeytan. *–ç.n.*

** Aşırı sağcı Fransızlardan oluşan Gizli Ordu Örgütü. *–ç.n.*

1. Orestes'i yargılamak için aklı başında Tanrıça Athena alçakgönüllülükle insanların arasına inip oturuyordu. Ama doğrusu Hıristiyan değildi o.

Barrès'de, yüzyılın alacakaranlığında, Honoré Racadot.

Ancak Stendhal ve Barrès, davayı aynı şekilde yürütmezler. *Kırmızı ve Siyah*'ta Julien Sorel'in savunması, kısa ömrünün açıklamasıdır:

"Az sonra ödev fikriyle tutuştuğunu hissetti. O âna dek duygusallığa kapılmamayı başarmış, hiç konuşmama kararına sadık kalmıştı, ama mahkeme başkanı, ekleyecek bir şeyi olup olmadığını sorduğunda, ayağa kalktı:

"Sayın jüri üyeleri, hor görülme korkum beni söz almaya zorluyor. Oysa ölüm ânında ona meydan okuyabileceğimi sanmıştım.

"Bu suçu işlememiş olduğumu varsayalım, şu karşımda gördüğüm insanlar asla gençliğimin uyandırabileceği acıma duygusuna kapılmaz, gene beni cezalandırırlardı. Zira onların şahsımda cezalandırmak, ebediyen yıldırmak istedikleri şey, daha aşağı bir sınıfta doğmuş, yoksulluğun bir bakıma ezdiği, iyi bir eğitim alma mutluluğuna erişince de zengin kibriyle sosyete diye tanımlanan şeye karışma cüretini göstermiş genç adamlar sınıfıdır. Beyler, benim suçum işte budur."

Rahip De Frilair, jüri üyelerinin Julien'i siyasi bir kararla ölüme mahkûm ettiğini Mathilde de La Môle'den gizlemiyordu. "Arkadaşınızın nereden esti aklına, burjuva aristokrasinin küçük kibrini uyandırıp ona saldırmak? Kasttan söz etmek niye? Onlara siyasi çıkarları doğrultusunda nasıl hareket etmeleri gerektiğini göstermiş oldu."

Julien Sorel'in davasında Stendhal'in konuşturmadığı burjuva aristokrasisi, *Kökünden Kopanlar*'da savlarını uzun uzun açar. Yüzü gözyaşlarından ve terden sırılsıklam genç sanıktan romancının bize aktardığı tek çığlıktır: "Geri çekilin, zenginler, hırsızlar, miskinler!" Buna karşılık, dosyaya paralel uzun bir iddianame yazar. Racadot'nun suçu, Julien'inkiyle birdir; başkasının hayatına kastetmek değil, sınıfının üstüne tırmanmak istemek.

"Honoré büyük olasılıkla Roma dünyasındaki kölelerin soyundandır. Büyükbabası ve babası, ruhlarının dibinde hâlâ toprak kölesidirler: toplumsal disipline alışık, dikkatli, hesaplı, yasa ve otorite karşısında ürkek. Paris'te bulunabilen neredeyse vahşi, her tür disiplinden muaf özgürlük, ırsi bağışıklığın şemsiyesinden mahrum zevkusefa, Honoré'de kolayca şiddetli istekler uyandırmış olabilir."

Karakterinin "soylu ya da aşağılık" olmasının ne önemi var; o, uyum adaleti dünyasına ait değildir. Şahsıyla ilgili önemsenen tek psikolojik belge "eline geçen paranın, yemek için yüz frank, oda kirası için kırk franklık ortalama öğrenci bütçesinin altında mı üstünde mi olduğunu öğrenmektir". Yüz kırk frank nedeniyle ölmelidir Honoré: İdealistlerin adaleti, vergi kesen bir adalettir.

Yoksul lise mezunlarının öğrenimlerini sürdürmek için çırpınışları hafifletici neden oluşturmaz; aksine. İnatları onları vahşi hayvanlara dönüştürür: "Koruluklarında başıboş dolaşan vahşi hayvanlar, işte lise mezunları proletaryası. O hayvanların bakışına, iğrenç kokusuna, belki acımasızlığına, kalleşliğine ve kuşku yok ki dayanıklılığına sahipler. Tevekkül; işte üniversitenin öğretmediği budur."

Bilirkişi Bay Taine bunu doğrular: "Eğlenceler, harcamalar gerektiren –zira kültür çok pahalıdır– entelektüel gelişme ile çalışma zorunluluğu arasındaki çelişkiyi birey ve toplum için büyük tehlike addediyorum."

Barrès, koşullarını değiştirmek isteyen yoksullardan esirger adaletin anlayış göstermesini: "Bu paryaların sesindeki tını, gözlerindeki bakış, insandan insana bir tını, bir bakış değil, tekil varlıkların kendi aralarında kurduğu bir ilişki değil, geniş uygar dünya üzerine yayılmış bütün bir sınıfın tınısı, bakışıdır."

Talep ettiği, basit bir toplumu koruma kararıdır: "Köylü Racadot ve Mouchefrin'in eylemi ebedi köylü ayaklanmasına sıradan bir paragraf ekler. Ama davranışları, istediği kadar determinizmi hissedilsin, normal insanların görüş biçimleriyle uyum içinde değildir; sivil toplum yasalarını ve içgüdüsel yasaları hiçe saymaktadırlar. Böyle bir eylem, faillerinin yok edilmesiyle sonuçlanmalıdır."

Hayatta yargıçlar da kusurlarla doludur, tıpkı diğer insanlar gibi. Gönüllerin gizli kıpırtılarına sağır ve kör kalırlar. Ama romanlarda bu falcılık yeteneğine sahip biri vardır: yazar. Sanığa ve kurbana en yakın tanıkları başkan gibi reddetmez. Aksine, dinler: Onlardır gerçek yargıçlar. Stendhal tarafından çağrıldığında, bu jüri Julien Sorel'i kutlar. Barrès tarafından bir araya getirildiğinde, Racadot'yu küçük düşürür. "Aşk sözcüğü çok zayıf. Senin için duyduğum, sadece Tanrı'ya duymam gereken: saygı, aşk, itaat karışımı bir şey" diye itirafta bulunur kurbanı Madame de Rénal, Julien'e. Mathilde de şöyle: "Cinayetim dediğin, ki sadece soylu bir intikamdır, bana bu göğüste atan yüreğin tüm yüceliğini gösteriyor."

Ölümün Julien'i olduğu gibi ortaya çıkarttığı saatte, yazar, yüreğinde şunu okuyacaktır: "Julien'in başını döndüren kibir değil, hırstı. Ölümün kendisi gözüne iğrenç görünmüyordu. Tüm yaşamı mutsuzluğa doğru uzun bir hazırlık olmuştu."

Oysa *Kökünden Kopanlar*'daki tanıklar, kör ve sağır kalmaya karar vermişlerdir. Strurel'e göre, ki Nancy lisesinden arkadaşlarıdır ve iflasıyla "cinayete sürüklenecekleri" gazetede meslektaşlar olarak birlikte çalışmışlardır, cezalandırılmaları "adaletten çok çöp temizliğini ilgilendiren yararlı bir iş olacaktır". Roemerspacher daha da açık sözlüdür: "Sefalet cinayetlerini açıklayabilir mi, bunun eşi kötülükler hiç cezasız kalmış mı, konumuz bunları öğrenmek değil. Toplum onları öldürmeli, kışın Neuf-Chateau ormanlarında kurtları ve yabandomuzlarını öldürdüğü gibi."

Julien'in tanıkları için Besançon kararı rezilce ağırdı; Seine ağır ceza mahkemesininki Rocadot'nun tanıkları için fazla hoşgörülüdür.

Julien'in davasıyla Honoré'ninki, Stendhal'in tutumuyla Barrès'inki karşılaştırıldığında göze çarpan tuhaflık, Stendhal'in oldukça süfli bir cinayetten hareket etmiş olması, Barrès'in ise –kendisi de bunu ima eder– isyankâr bir lise mezununun, Jules Vallès' in gazeteciliği ve siyasi faaliyetinden esinlenmiş olmasıdır.

Yoksul çocuk Jules Vallès, *İsyancı: Komün Günlüğü*'nde Komün'ün umut saatlerini, sonra bastırılışını tasvir etmişti. Yakalanıp tutuklanacağını düşündüğü anda anlatım geçmişine dönüşle biter. Barrès'in arkadaşlarının önüne çıkarılsaydı, bu dönüş pekâlâ siyasi savunmasını oluşturabilirdi:

"Ne çare! Yakalanırsam yakalanırım! Kendimle barışığım. Gözüm ufuktaki infaz direğinde –hepimizin çarmıhı–, sessizce düşüne düşüne, şimdi biliyorum, biliyorum ki kalabalıkların öfke patlamaları namuslu vatandaş cinayetleridir; ve artık kanla lekeli ve dumanı tüten hatıram için hayıflanmıyorum. Zaman onu yıkayacak ve adım, toplumsal savaşlar atölyesinde, boş durmamış bir işçi olarak asılı kalacak. Hınçlarım öldü. Ben de gün gördüm. Pek çok çocuk benim gibi dayak yedi, pek çok lise mezunu aç kaldı ve gençliklerinin intikamını alamadan mezarlığı boyladılar. Sen sefaletini ve acılarını toplayıp, manganı isyana götürdün, bu isyan büyük acılar federasyonuna dönüştü. Nedir şikâyetin? Gerçekten. Polisler gelebilirler. Askerler silahlarını doğrultabilirler. Hazırım."

Yüzyıl boyunca böyle sürüp giden bu davada birbirinin karşısına dikilen iki düşünceyi, iki tavrı bulmak mümkündür. Biri jakoben, iyimser, diğeri muhafazadan, restorasyondan yana, geçmişe dönük. Ve yargının kökleri bu görüntüde yatar, başka hiçbir yerde değil.

Duyarlı çocuk Stendhal, XVI. Louis'nin ölüm cezasının infazını duyduğunda, sevinçten zıplamıştı; kralın ölümü kendisini bu denli sevindirmiş olduğu için, Julien'inki mutlaka kahretmiştir. Racadot'nun ölümünde Barrès'in duyduğu memnuniyet ise Fransa Komün yangınları ve umutlarıyla aydınlanırken onun derinden titremiş olmasından kaynaklanır.

K'NIN EVRENİ

ROBERT SÖZLÜĞÜ'nün "Kafkaesk" sıfatına düştüğü tarih 1950, yani Soğuk Savaş. Gerçekten insan hakları savunucularının sosyalist ülkelerde sürdürülen ve burjuva sanıklara uyum imkânı tanımayan davalarla ilgili bol bol kullandıkları bir sözcüktür bu. Davalardaki bunaltıcı havanın ucu sınıf kardeşlerine dokunduğu için daha da duyarlıydılar. Ama Batı'da da, davaların çoğu –özellikle en alçakgönüllüleri– bu havadan azade değildirler. André Gide'in Normandiya deneyimi Moskova deneyimi kadar dikkate değer. *Cinayet Mahkemesi Anıları*'nda şöyle yazar:

"Mahkemelerin ezelden beri karşı konulmaz bir etkisi olmuştur üzerimde. Yolculuğa çıktığımda, bir kentte benim için son derece çekici olan dört yer vardır: park, pazar yeri, mezarlık ve Adalet Sarayı... Ama şimdi deneyimlerimle biliyorum ki adaletin tecellisini dinlemek ya da o tecelliye bizzat katkıda bulunmak, bambaşka. İnsan adaleti ne belirsiz ve güvenilmez şeymiş, işte on iki gün boyunca içim daralarak hissettiğim bu oldu."

"Yirmi yaşında, çehresi sevimli, hafiften kederli ve kurnazlıktan azade" bir sanık hakkında şunları yazar: "Cinayetin temsilinin gerçeğe uygun olmadığını hissettiğinde, Marceau'da birkaç kez garip bir huzursuzluk fark ettim – *ama ne her şeyi yerli yerine oturtabiliyor, ne belirsizlikten yararlanabiliyordu.*[1] Bu davada bana en tuhaf gelen buydu."

Bir tecavüz davasıyla ilgili:

"Bayan X..., o zavallı varlığı bir nevi evlat edinmiş yoksul pazarcı kadın... 'asla mutluluğu tatmamış' gariban oğlana hoşgörüyle davranılsın diye yalvarıyor. Onu, evinde sürekli dayak yemiş bir alkoliğin çocuğu olarak tasvir ediyor; 'helada yatırılıyordu'; çocuk

1. Altını çizen benim.

kaldığını görmek için yüzüne bakmak yeterli; resimlerle oyalanıyor, misket oynuyor, topaç döndürüyor. Zaten bundan önce de 'kızcağızın üzerine yatmayı' denemiş, kız kulağını ısırmış. Hapishaneden pazarcı kadına tutarsız mektuplar yazıyor. Kadıncağız cebinden bir tomar kâğıt çıkarıp hıçkırarak ağlıyor."

"Sorgulama bitti. *Gariban, savcının mütalaasını takip etmek için büyük çabalar harcıyor ve sağdan soldan ancak birkaç cümle anladığı görülüyor.*"

"Yalnız çok geçmeden, sekiz yıl hapse mahkûm edildiğini gayet iyi anlayacak."

Marceau da mahkûm edilir. "Başkan sözünü kesecek diye (üstelik sürekli keser de) duyduğu dehşetten ötürü mümkün olduğunca süratli konuşan ve anlaşılmaz hale gelen ve bunu hisseden... bir diğer sanık, hayatını savunmakta olan zavallı, o da mahkûm edilir." Sanığın büründüğü kurbanlık hayvan hali Gide'in gözünden kaçmaz.

"Ne nadirdir, bir davanın işin başından itibaren ve sadelikle sunuluşu. *Ne sık rastlanan şey, iddianamenin olup bitenleri yapay bir basitleştirmeyle temsil etmesi!* Ne kolay başına gelebiliyor bir sanığın, ona önemsiz görünen, ağırlığını kavrayamadığı bir açıklamayla hayatını mahvetmesi."

Gerçekte, ne denirse densin, K'nın evreni nazizmin ya da SSCB'nin evreni değildir; Saint-Jules sokağının, garibanların kirada oturduğu, pazar günleri pencerelerindeki çarşaf ve yorgan yığınlarının tepesinde "saçı darmadağınık bir kadın başı"nın yükseldiği, merdivenlerinde gençlikleriyle sakatlıkları kendilerini "mutlak bir çürüme"den koruyamamış kambur küçük kızların oynadığı, "yan yana dizili birbirinin eşi yüksek ve gri evlerin, büyük fuhuş kışlaları"nın evrenidir.

Bu evrende, adalet tutarsız değildir. Aksine ne yaptığını gayet iyi bilir. "K bir anayasa Devleti'nde yaşıyordu. Huzur her yerde hâkimdi. Yasalara uyuluyordu." Bekçinin dediği gibi, "bağlı olduğumuz otoriteler, tutuklama belgesini uzatmadan önce tutuklamanın gerekçeleriyle ilgili çok titiz bir araştırma yaparlar". Sorgulamalar aşırı titizdir, "aynı zamanda, sanığın fazla yorulmasını engellemek için, oldukça kısa tutulur".

"Daha titiz bir adalet yoktur," der avukat. Gene de K niçin mahkûm edildiğini öğrenmeyi başaramaz ve sonunda öldürürler onu, Neuf-Chateau ormanlarındaki bir kurt gibi.

İkinci Bölüm

KOPUŞ DAVALARI

SOKRATES

SAVAŞ çözmekle yükümlü olduğu anlaşmazlık vahimleştikçe arılaşır, mutlak niteliğine bürünür; daha üst sınırı yoktur. Adalet meydanında durum tam aksidir. Görevi yasanın bireyler tarafından ihlal edilişini çözmek olan hukuk Devlet'e yöneltilen genel saldırıyı durduramaz. Belli bir seviyeden sonra, ya yerini bırakmalı ya da parçalanmalıdır.

Bunu Bolivyalı askerler dahi bilirler. Régis Debray'i ve Che Guevara'yı ele geçirdiklerinde, ilkinin davasını gördüler, ikincisininki karşısında gerilediler. Oysa Debray'e yönelik ithamların hukuki niteliği kuşkulu, Che'nin ceza dosyası iyice kabarıktı.

Debray mademki gazeteciliğinin, mesleki görevlerinin kendisini olaya koşmaya zorladığını öne sürüyor, Bolivya yasasına karşı çıkmıyordu, davası gerçekten mümkündü. Buna karşılık, Guevara'nın davası görülemezdi, çünkü Latin Amerika'da iki farklı meşruluk anlayışının çatışmasına yol açacaktı ki, askeri yargıçların bu müzakereyi kabul etmesi olanaksızdı. Yargıçlar geri çekildiler, yerlerini infaz mangasına bıraktılar.

Bir uyum davasında tek yenme arzusu vardır: savcılık makamınınki. Bir kopuş davasında ise iki. Babeuf tutuklandığında, Direktuvar'dan* "iktidarlar arası" bir ilişki talep ediyor, Varlin, 1868'de, I. Enternasyonal davasında yargıçlarına şöyle hitap ediyordu: "İlkeler karşısında, iki tarafız."

Kopuş, davanın tüm yapısını altüst eder. Olgular ve eylemin koşulları ikinci plana düşer; ön planda, aniden, toplumsal düzene karşı yöneltilen sert itiraz belirir.

* Fransa'da 1795-99 yılları arasındaki siyasal yönetimin adı. *–ç.n.*

Tarihin bize olduğu gibi aktardığı ilk kopuş davası olan Sokrates vakasında sanık kendi hayatına atıfta bulunduğunda, eylemlerine özür bulmak için değil, aksine, onların taammüden gerçekleştirildiğini sergilemek içindir: "Atinalılar, bu savunmayı sunuşum, sanılacağı gibi kendim için değil –hiç değil– sizin içindir."

Yargıçları şahsıyla ilgili duygulandırmayı reddetmesi şundandır:

"Belki içinizden biri sinirlenecek: Kendi halini hatırlayacak, bundan çok daha az haşin bir davada nasıl yargıçlara yalvarıp yakardığını, ağladığını, nasıl kendini daha kuvvetle acındırmak için mahkemeye çocuklarını, yakınlarını, çok sayıda dostunu getirttiğini... Ben aksine, hiç öyle bir şey yapmıyorum, oysa göze aldığım en büyük risktir... Kendisine, işte şunu söylemem uygun olacaktır:

"Benim de, azizim, yakınlarım var. Homeros'un dediği gibi, ben de meşe ağacının ya da taşın oğlu değilim, insan soyundanım, bu durum bana da anababa, çoluk çocuk bahşetmiştir. Üç oğlum var, Atinalılar. Ama durum böyle diye, birini ya da diğerini getirtip beni aklamanız için yalvaracak değilim.

"Böyle bir şey yapmayı kabul etmeyişim nedendir? Farfaralıktan değil Atinalılar, sizi küçümsediğim, ölüme karşı cesur olduğum ya da olmadığım için de değil, o bahs-i diğer; ama bana kalırsa, böyle bir şey, benim için, sizin için ve tüm Site için ayıp olurdu, ondan."

Avukatların uluorta müvekkillerinin mutsuzluğunu gözler önüne serdiği sözde siyasi davalardan uzağız. Sokrates, düşüncesi tırmalasa da, keskinliğini azaltma yolunda hiçbir şey yapmaz. Ne fikri müzakereden ne sonuçlarından kaçmak niyetindedir. Geleneğin bekçisi Atinalı hocaların Sokrates'in başına kaktığı, Aristophanes'in ona atfettiği gülünç sözler değildi. Ve eğer cezaya çarptırılacaksa, Sokrates bilir ki bu, Meletos'un, Anytos'un ve diğer suçlayıcıların öne sürdüğü nedenlerden değil, kentte yarattığı kargaşadan, yerleşik düzene sürekli karşı çıktığı için olacaktır. Yargıçlar faaliyetlerinden vazgeçmesi karşılığında ithamı geri çekmeyi önerebilirlerdi. Sokrates bu ihtimale karşı pazarlığı baştan geri çevirir:

"Üç aşağı beş yukarı şunu deseniz bile: 'Sokrates, Anytos'u dinlemek istemiyoruz: Araştırma yönteminden vazgeçmeyi ve filozofluğu bırakmayı vadedersen seni aklarız, ama yeniden aynı suçtan yakalarsak, ölürsün', böyle bir pazarlık karşısında şu yanıtı verirdim: 'Size şükran borçluyum Atinalılar, sizi severim de, ama size değil, Tanrı'ya itaat etmeliyim, tek nefesim ve kuvvetim kaldığı sürece felsefeyle uğraşmaya, rastladıklarımı bu yolda yüreklendirmeye, onlara her zamanki yöntemimle ders vermeye devam edeceğim.' Bunu ihtiyarla da gençle de yapacağım, önüme kim çıkarsa, ister yabancı olsun ister Site'den; eğer Site'dense, daha da fazla...

"Velhasıl, Anytos'u dinleyin ya da dinlemeyin, beni aklayın ya da aklamayın, ama bari, bin kez dahi ölmem gerekse, hiçbir zaman farklı hareket etmeyeceğimi kabul edin."

Sokrates, siyasi geçmişini hatırlatırken şu tehlikeli dersi çıkartır: "Başıma geleni iyi dinleyin, göreceksiniz, adalet söz konusu oldu mu kimse beni ölümle korkutamaz; öleceğimi bilsem de teslim olmayacağım."

İlkelerde tavizsizliği üslupta tavizsizlik izler, ironi yer yer sertliği örtse de. Sokrates, suçlayıcılarına saldırmaktan, onları gülünç duruma düşürmekten çekinmez. Ne gündelik sözcüklerden ne sövgüden kaçınır: "Meletos diyor ki suçluymuşum, çünkü delikanlıları yoldan çıkartıyormuşum. Benim de iddiam şudur Atinalılar: Suçlu olan Meletos'tur. Onu, ciddi şeyleri zevzekliğe dökmek, insanları düşünüp taşınmadan mahkeme önüne getirmekle suçluyorum." Aynı şekilde Meletos onu ateizmle ve Site'deki tanrılara değil, bilinmeyen şeytanlara inanmakla suçladığında, Sokrates haykırır: "Meletos, dalga mı geçiyorsun?"

Atina ceza hukukunun tarifeli yasası yoktu. Dava iki zamanlıydı. Suçluluğun mahiyeti üzerine müzakereyi, gerektiğinde, cezayla alakalı bir ikinci duruşma izlerdi. Sokrates, ufak bir çoğunlukla suçlu bulundu. Böylece verilecek ceza hakkında da bir müzakere açıldı. Meletos ölüm cezasını öneriyordu. Sokrates hayatını kurtaracak bir cezayı –sürgün ya da hapishane– salık verebilirdi. Bu, mahkemenin oyununa gelmek olurdu. Suçluluğunu kabul etmek gibi bir cambazlığa hazır değildi. İroniye sarıldı:

"Başkalarına onca tasa veren para, idari mevkiler, komutanlıklar, iktidar gibi şeylere aldırış etmememe neden olan, hayatımın baş belası fikrin bedelini nasıl ödemeliyim? Size hizmette bulunmak, size refakat etmek için rahata muhtaç bir fukaraya yapılacak iyilik nedir? En iyisi Atinalılar, böyle bir adamı sitenin göbeğinde beslemektir.

"Ancak şimdi söyleyeceğim şey, size herhalde gözyaşı döküp yalvarmama engel bir küstahlık gibi görünecektir. Hiç öyle değil. Kimseye zararım dokunmadığına emin olduğum için, kendime de zarar vermek istemem, bu nedenle bana kötülük etmelerini, bir ceza hak ettiğimi de söyleyemem."

Hangi cezalardır söz konusu olan?

"Ancak, hayata aşırı bağımlı, akılca da aşırı fakir olmalıydım şu basit aklı yürütmemek için: Siz, hemşerilerim, yaşama şeklime, lafımı söyleme biçimime tahammül edemediniz; onlar size ağır geldi ve onlardan öylesine nefret etmeye koyuldunuz ki, kurtulmak istediniz... Şimdi yabancılar mı onlara kolayca katlanacak? Biliyorsunuz ki hayır, Atinalılar. Aman, hakikaten ne şahane bir hayat olurdu, şu yaşımda kentten kente geçip, gittiğim her yerden de kovulmak!"

Sokrates ezici bir çoğunlukla ölüme mahkûm edildi.

Uzlaşmacılar, kopuş davasının uzlaşmazlığından hiçbir şey anlamazlar. Ondaki "yarar"ı görmezler. Sokrates, yaklaşan ölümün kendisine sağladığı mesafeyle, iki bin beş yüz yıllık mesafeden bu adamlara seslenir:

"Doğru, bende bir eksiklik vardı, ama nutuklar değildi o. Duymaktan en fazla hoşlanacağınız şeyleri söyleme rızası, cüreti, utanmazlığıydı benim eksiğim. Kendime yakıştırmadığım ama sizin başkalarıyla deneylerinizden ötürü benden beklediğiniz sözleri, hareketleri sarf eden, yakınan, sızlanan bir Sokrates istiyordunuz.

"Kendimi böyle savunduğum için şimdi pişman değilim; bu savunmadan sonra ölmeyi sizin kurduğunuz tuzakta yaşamaya yeğ tutarım.

"Size söylüyorum yargıçlar, beni öldürtmüş olacaksınız ama kendi cezanız benim mahvımı takip edecek ve Zeus üzerine yemin ediyorum ki, bu ceza beni çarptırdığınız ölümden çok daha korkunç olacak. Hayatınızın hesabını verme ödevinden kaçmak için böyle davrandınız.

"İnsanları öldürerek, size yaşamayı bilmediğinizi haykıracak birini engelleyebileceğinizi mi sanıyorsunuz? Hesabınız çok yanlış: Böyle bir paçayı kurtarma biçiminin ne yararı vardır ne güzelliği."[1]

XVI. LOUIS

KOPUŞ davasının inisiyatifi nadiren iddianameden gelir. Gönülden muhafazakârdır savcılık makamı. Ama olağanüstü koşullarda, kurulu düzene karşı çıkanlara sesini ödünç verebilir: Dava o zaman altüst olur. Bu acayip durumda, yasaya saygıyı talep eden, sanık; yasayı açıkça inkâr eden, iddianamedir.

Modern zamanların ilk davası olan XVI. Louis'ninki işte böyle bir davaydı. Valmy zaferinin gününde toplanan Milli Kurucu Meclis Cumhuriyeti ilan etmişti. Peki tahttan indirilen kralı ne yapacaklardı? Sorun kralın şahsını aşıyordu. XVI. Louis tehlikeli simge rolüne terfi etmişti. Hükümetin ve Kurucu Meclis'in ılımlı çoğunluğu, en yüksek ceza dış ve iç savaşa yol açabilir diye düşünüyordu. Robespierre'in çevresinde toplanmış azınlık için ise, böyle bir ceza İhtilal'in duraklamasını engelleyecek, onu yoluna devam edip sonuna kadar gitmeye zorlayacaktı. Her iki tarafta tahlil aynı, dilekler karşıttı. Kralın davası bir düelloya dönüştü.

1. Platon, *Sokrates'in Savunması*, çev. Erman Gören, İstanbul: Kabalcı, 2006.

Dava son derece önemli bir usul tartışmasıyla açıldı. Vendée milletvekili Morisson, soyut bir hukuk mantığının gayri ihtiyari nüktedanlığıyla, kralın dokunulmazlığını ve davanın hukuken mümkün olamayacağını savundu.

"XVI. Louis'yi yargılayabilmek için, ona uygulayabileceğimiz geçerli bir yasa gerek; ancak böyle bir yasa mevcut değil... Ceza yasası XVI. Louis'ye uygulanabilecek bir madde içermemektedir. Suçlarını işlediği tarihe kadar geçerli bir yasa vardı, ancak kralın şahsını istisna kabul ediyordu. Sözünü ettiğim, Anayasa'dır."

Anayasa sadece krallığa ilişkin faaliyetlerle ilgili dokunulmazlık getiriyordu ve kral, bir numaralı devlet memuru niteliği dışında da suçlar işleyebilirdi. "Kuşkusuz," diyordu Morisson, "ama egemen halk, ona uygulanacak cezayı saptamıştır, bu ceza sadece tahttan indirmedir."

Yasama komitesi raportörü Mailhe bu düşünceyi isabetle değilse de ustaca reddediyordu. Onun iddiası şuydu: "Dokunulmazlık Anayasa'nın işlemesine bağlıdır." Biri yürürlükten kalkınca diğeri de yok oluyordu. "Ulus haklarını geri almış"tı ve sade vatandaşa dönüşen Louis, artık hükmü kalmamış bir Anayasa'yla ulusun karşısına çıkamazdı. Mailhe, garip bir şekilde, aynı zamanda, vatandaş Capet'nin* durumunu olağan mahkemelerin değil Yüksek Mahkeme'de oturan Kurucu Meclis'in incelemesi gerektiğini savunuyordu; zira "kralın dokunulmazlığı, ancak tüm ulus önünde ortadan kalkıyordu" ve ulusu temsil eden Meclis'ti. Sonuç olarak bir soruşturma komisyonunun atanmasını, bu komisyon çalışmalarının Louis'ye iletilmesini, Louis'nin kendi seçeceği avukatlar tarafından savunulmasını önerdi.

Saint-Just kürsüye ilk kez o zaman çıktı. İki teze de karşı olduğunu söyledi: "Morisson'un dokunulmazlığı koruyan düşüncesi de, kralın vatandaş olarak yargılanmasını talep eden komitenin düşüncesi de eşit derecede yanlıştır. Ben derim ki, kral düşman olarak yargılanmalıdır."

* Kral XVI. Louis. –*ç.n.*

Saint-Just, Morisson'a karşı çıkmak için onunla aynı alanda, yani medeni hukuk alanında durmaz, iki Dünya'nın çarpıştığı meydandan seslenir: "Bizim işimiz, onu yargılamaktan çok, onunla savaşmaktır. Mahkemenin usulleri, medeni hukukta değil, insan hakları yasasında saklıdır... Bir gün, 18. yüzyılda Sezar döneminden de geride oluşumuza şaşılacaktır. Tiran Sezar, Senato'nun orta yerinde yirmi iki bıçak darbesinden başka formaliteye, Roma'nın özgürlüğünden başka yasaya başvurulmaksızın kurban edilmişti. Ve bugün, suçüstü, eli kanda, eli cinayet üstünde yakalanmış tüm bir halkın katiline bu saygı gösteriliyor! Bir kralın adilce cezalandırılmasına onca önem verenler, hiçbir zaman bir cumhuriyet kuramayacaklardır."

Saint-Just, aynı güçle, yasama komitesini hukuki incelikler arasında kaybolmakla, krala karşı yöneltilecek esas suçlamayı gözden kaçırmakla eleştirir:

"Bir kralı vatandaş olarak yargılamak! Bu sözcük gelecekteki soğukkanlı kuşakları hayretlere düşürecektir. Yargılamak yasayı uygulamaktır. Yasa bir adalet ilişkisidir. İnsanlık ve krallar arasında ne gibi bir adalet ilişkisi olabilir ki? Yarın öbür gün bir yüce gönül, kralın davası yönetiminin işlediği suçlardan ötürü değil, kral olma suçundan ötürü görülmeli diyecektir... Saltanat masumca sürülemez."

Ve Saint-Just, davanın sorununu kopuş değil uyum terimleriyle ortaya attıkları için tüm konuşmacıları kınar: "Bana gelince, hiçbir orta yol görmüyorum. Bu adam ya hükmetmeli ya ölmelidir."

"Düşüncedeki sertlik, şiddet, klasik söylev biçimi, şahane haşinlik, hepsi mahkemedekileri uçurdu. Bir ustanın elini hissettiler," diye yazar Michelet. Saint-Just ilk notayı vermişti.

İki hafta sonra Robespierre, davanın sapmasını engellemek için aynı yönde müdahale etti:

"Kral sanık değildir. Siz yargıç değilsiniz. İşiniz, bir adamın lehinde ya da aleyhinde bir karara varmak değil, halkın selameti için önlem almak, ulusu korumak için eyleme geçmektir. Louis kraldı ve Cumhuriyet kurulmuştur. Aklınızı kurcalayan büyük sorun, sadece bu sözcüklerle çözülüyor. Tiranı cezalandırma hakkı ile onu tahttan indirme hakkı aynıdır; biri diğerinden farklı usuller gerektirmez."

Ve sonuç: "Louis ölmeli, zira vatan yaşamalıdır."

Usul tartışması vesilesiyle, Saint-Just ve Robespierre, gerçek mütalaayı vermiş oldular. Savunma ne yapacaktı? Kral cumhuriyet ülküsünün karşısına, derinden inandığı, hakkını Tanrı'dan alan krallık kavramını mı çıkaracaktı? Kurucu Meclis üyelerinin siyaseti karşısına dini inançlarını mı dikecekti? Yasaya saygı gösterilmesini talep etmekle mi yetinecekti? I. Charles gibi, diyaloğu kesip halka mı seslenecekti? Hiçbirini yapmadı. Tahttan indirilmiş kral, bir kopuş iddianamesi karşısında, saygılı bir savunmayı benimsedi. Göç etmiş kardeşlerini inkâr etti, eliyle yazdığı notları, mührünü, imzasını tanımadığını iddia etti, sorumluluğu utanmadan bakanlarına yükledi; Barère kendisine "vicdanları satın almak" için ayırdığı milyonları hatırlattığında, "muhtaç olanlara dağıtma zevki"nden dem vurdu. Aşağıdaki diyalog, bu onursuz savunmayı özetler:

"Louis, Fransız halkı sizi Fransızların kanını akıtmış olmakla suçluyor! Buna verecek cevabınız nedir?"

"Hayır, mösyö, ben yapmadım!"

Ardından, avukatı De Sèze savunmasını okudu. "Ustalıklı ve dokunaklı savunması, olağan bir mahkemeyi ikna edebilirdi," diye yazar Pierre Gaxotte, ama kuşkusuz, bu getirilebilecek en ağır eleştiriydi. Dava yitirilmişti.

La Gironde,* son bir şaşırtmaca olarak halka çağrıyı denedi, ancak bunu şaşkınlık içinde yaptı. Kimileri için yargı tabandaki meclisler tarafından onaylanmalıydı; başkalarına göre Kurucu Meclis sadece suçlulukla alakalı karara varmalı, cezayı belirleme işini tabandaki meclislere bırakmalıydı. Ilımlılar dış tehlikeyi ileri sürüyorlardı. Oysa la Montagne,** bilhassa vatanı ve ihtilal fetih-

* Ilımlı taraf. *–ç.n.*

** Ilımlılara karşı, başını Robespierre'in çektiği taraf. Mecliste en üst sıralarda oturdukları için kendilerine Dağlılar (Montagnards) deniyor. *–ç.n.*

lerini savunma gerekliliğini ileri sürerek kararsızları ikna etti. "Birer asi mi yoksa insanlığın velinimetleri mi olduğunuza zafer karar verecek," diye haykırdı Robespierre.

Halk önündeki açık oylama 15 Ocak'ta başladı. İlk soru suçun sorumluluğuyla alakalıydı: "Karşınızdaki Louis Capet, Fransızların kralı, özgürlüğe karşı komplo düzenlemekten ve Devlet güvenliğine karşı girişimde bulunmaktan sorumlu mudur? Evet mi, hayır mı?" 691 evet, 0 hayır ve 27 çekimser oy çıktı. İkinci soru, halka çağrıyla ilgiliydi. 287 lehte, 424 aleyhte ve 12 çekimser oy çıktı. Bu, la Gironde için beklenmedik bir yenilgiydi. Son oylama, ki cezayla alakalıydı, 16 Ocak günü, akşam 8'de başladı. Tüm bir gece ve "solgun 17 Ocak günü" boyunca sürdü. Eyaletlere göre yapılan oylama, kurayla çekilen G harfinden başladı; Gironde'lu 12 milletvekilinden 9'u, Vergniaud dahil, ölümden yana oy kullandılar. 334 aleyhte ve 28 çekimser oya karşı 387 oyla ölüm galip geldi. 19 Ocak'ta tecil talebi 310 oya karşı 380 oyla geri çevrildi. İki gün sonra, 21 Ocak 1793'te, Concorde Meydanı'nda kral büyük bir kalabalık ve silahlanmış adamların ortasında öldürüldü. "Saat onu on geçe başı bedeninden ayrıldı, sonra halka gösterildi. O anda Yaşasın Cumhuriyet! çığlıklarıyla yer gök inledi."

Kraliyetçi tarihçiler, gösterinin amansızlığından dem vurdular, ölümün sevimli olması vakiymiş gibi. Cezanın oylandığı geceyi, tribünlerdeki oylarını ellerinde sallayan bağrı açık ölüm tanrıçalarını tasvir ettiler, ama Louis'ye tanınan savunma özgürlüğü, ona tahsis edilen İhtilal karşıtı rahip, hatta Temple Hapishanesi'ndeki koşulları, uşakları, hizmet subayları üzerine tek laf etmediler. Her halükârda, sorun bu değil.

Söz konusu olan bir siyasi dava, tarihin en ciddi siyasi davalarından biriydi. Tanrısal iktidar kavramına karşı çıkılıyordu. Burada kopuş davalarına özgü niteliklerin tümü bulunmaktadır: Sanığın kişiliğinin unutulması, tümüyle siyasal müzakere, sert uzlaşmazlık. Ne var ki bu davada istisnai olan, inisiyatifin davacı tarafa ait olmasıdır: Bu ölüm balesinde ve hikmeti hükümette Louis'nin büyülenmiş yıldız dansörlüğü kendisine rağmendir.

DİMİTROV

KOPUŞ DAVALARININ çoğunda savunmanın hedefi, sanığı aklamaktan çok düşüncelerini gün ışığına çıkarmaktır. Sokrates, cezasını seçmesi önerildiğinde, uzlaşmaya gidebilir, sürgünü ya da para cezasını teklif edebilirdi; aksine, yargıçlarıyla dalga geçerek hayatını feda etti.

Dimitrov, aynı şekilde, Reichstag tutuşmuş, Komünist Parti yöneticileri kampları boylamışken, bir Alman mahkemesi önünde Goering'in yüzüne komünist olma şerefini ve Sovyetler Birliği'ne bağlılığını haykırdı. Ancak bu dava, salt kişisel savunma planında, Dimitrov'un aklanışıyla sonuçlanır.

Sokrates'ten Dimitrov'a, gerçekten önemli bir gelişme meydana gelmiştir. Sanık artık yalnız biri değil, bir militandır. O tutukluyken yoldaşları dışarıda, yeni imkânlarla onu düşmanın elinden söküp almak için mücadeleyi sürdürmektedirler. Dimitrov sonunda kazanmışsa, önce cesareti sayesindedir, ama aynı zamanda SSCB'nin büyük güç haline gelmiş olmasından, Batılı ülkelerde, André Gide ya da André Malraux gibi adamlar dahil, özgürlüğünü talep eden çok geniş bir dayanışma hareketinin oluşmasındandır. Bugün siyasi sanık için umut yeniden doğmaktadır. Düşüncelerini ifade edebilir; aynı zamanda bu hareket ve mücadele arkadaşlarının dayanışması sayesinde mahkemeyi gerilemek, kendisini salmak zorunda bırakabilir.

Dimitrov, tıpkı avukatı ve arkadaşı Marcel Willard gibi, askeri mücadele terimleriyle konuşmaya meyilliydi. Leipzig davasını sırayla anlatışları, bu nedenle daha da büyük bir didaktik önem taşır.

"Dimitrov'un çizgisini iyi izlemek için, düşmanın yangın provokasyonundan[1] sonra dava provokasyonunu düzenleyerek neleri hedeflediğini berraklıkla hatırlamak şarttır. Dimitrov'un bizzat kendisi, bu hedefleri 4 Mart 1934 tarihli *Pravda*'da şöyle sıralar:

"1. Provokatörleri aklamak;

"2. İhtilalci proletaryaya karşı kullanılan vahşi terörü, sol eğilimli burjuva liberalizminin acımasızca yok edilişini, kitlesel kıyımları, cinayetleri vs. haklı göstermek;

"3. Yeni bir antikomünist kampanyayı beslemek. Bu dava, Alman Komünist Partisi'ne karşı düzenlenecek yeni bir davanın temelini oluşturmalıydı;

"4. Faşist hükümetin evrensel komünizme karşı başarılı bir mücadele verdiğini, kapitalist Avrupa'yı komünizm tehlikesinden zamanında kurtardığını kanıtlamak. Dört sanığın kellesi faşistlerin bundan sonra kapitalist ülkelerle girişecekleri pazarlıkta kullanacakları sermaye olacaktı."

Dimitrov, bu verilerden hareket ederek, saldırısının başlıca işaret noktalarını saptar:

"Önce inisiyatifi ele almak ve bırakmamak;

"Bu inisiyatifin sağladığı yararla, stratejik bir plan tasarlamak ve uygulamak;

"Sadece iddianameyi değil, bizzat düşmanı siyaseten mahvetmek. Onu gülünç duruma düşürmek."

Dimitrov işe polisten başladı, sonra sıra sorgu yargıcına, iki savcıya, nazi avukatlara, nihayet Hitlerci basına geldi.

Tıpkı bir uyum davasındaki gibi, verilere, tanıklara, soruşturmaya sataştı; ancak kendini korumak için değil, saldırmak için, yıkmak için.

Tanıklara yönelttiği soruların her biri onu son saldırıya yaklaştırır. Van Der Lubbe'nin ağzından çıkmış itirafları kaydettiğini id-

1. 27 Şubat 1933 gecesi, Reichstag yanarken, Gestapo, olay yerinde afallamış bir adamı, Hollandalı Marinus Van Der Lubbe'yi tevkif etmişti. Adam sorguya çekildiğinde, daha önce nazi yöneticiler tarafından ortaya atılan suçlamaları hemen doğruladı: Yangın Alman Komünist Partisi'nin ve Komünist Enternasyonal'in eseriydi. Cadı avı başlatılmıştı. Gestapo, komünist milletvekili Torgler'i, sonra da aralarında III. Enternasyonal'in Yürütücü Komite üyesi Georges Dimitrov'un da bulunduğu üç Bulgar militanı tevkif ediyordu.

dia eden Komiser Heisig'e sorar: "Van Der Lubbe, o su gibi Almancayı kendi ağzıyla mı konuşuyordu? Kendi ağzı ve kendi sesiyle mi bugünkü iddianamenin temelini oluşturan şeyleri söyledi?"

Nazi Kroger, Reichstag'da, Popov ile Torgler arasında geçen konuşmaya tanık olduğu konusunda yemin ettiğinde –mahkeme Popov'un Almancayı az bildiği gibi Torgler'in de Bulgarcayı pek az bildiğini saptamıştır– Dimitrov "Hangi dilde?" diye sorar.

Konuyu genişletip Müfettiş Brosig'e seslenir: "Reichstag yangını işçi partilerinin yok edilmesi için bir işaret fişeği olmadı mı? Hitler hükümetinin iç çatışmalarına son vermedi mi?"

Marcel Willard şu yorumda bulunur: "Böylece, Dimitrov'un siyasi savunmasının üç ana teması ortaya çıkmıştır:

"1. Söz konusu komünist bir isyan mı? Hayır, bu ne gerçek ne inandırıcı;

"2. Terörizm, nazilerin işiydi;

"3. Yangın sadece Hitlerci rejime yaradı."

Willard, birinci noktayla ilgili olarak Alman Komünist Partisi'nin tutuklu yöneticisi Ernst Thaelmann'ın dinlenmesini talep eder, ancak bu isteği geri çevrilir. Thaelmann'ın yerine Dimitrov'dur, Komünist Parti'nin kitle eylemini yüceltecek olan.

Diğer iki nokta konusunda Dimitrov, eski başbakanlar Bruning ve von Schleicher'in, başbakan yardımcısı von Papen'in, "Çelik Miğferler"in şefi Dusterberg'in dinlenmesini talep etti. Boşuna. Ama ne önemi var, sorular nasılsa ortaya atılmıştır:

"Nasyonal sosyalist yönetimin, Reichstag yangınını idari tüm güçlüklerin üstesinden gelmek için, kendi mutlakiyetini yerleştirmek için, totaliter Devlet dediği şeyi oturtmak için kullandığı doğru mu?"

"1933 Ocak ve Şubat aylarında kimsenin ciddi ciddi Komünist Parti'den hemen bir isyan örgütlemesini beklemediği, bu efsaneyi sadece hükümetin Reichstag yangını sonrasında alacağı sertlik önlemlerini, SA ve SS'lerin şiddet eylemlerini haklı göstermek için yaydıkları doğru mu?"

Meydan böyle temizlenince Dimitrov, Reichstag'da Goering'in bürosu ile Van Der Lubbe'nin yakalandığı yangının ikinci noktasını bağlayan bir gizli yeraltı geçidi olup olmadığını sordu.

Prusya konseyinin başkanı Goering, böylece aniden sanık sınıfına girmiş oldu. O zaman, yargıçların, basının, radyonun desteğine güvenerek, Dimitrov'a yöneltilen suçlamayı desteklemek üzere mahkemeye çıktı.

Dimitrov ona, yangın akşamı, herhangi bir soruşturma yapılmadan önce yayımlatmış olduğu, Alman Komünist Partisi'ni suçlayan, Van Der Lubbe'nin parti üyelik kartıyla yakalandığını iddia eden bildiriyle ilgili sorular yöneltti.

Goering, antikomünist şaşırtmacalar denedi, sonra hakaretler yağdırdı. Dimitrov gayet sade bir yanıtla karşılık verdi: "Sorularımdan mı korkuyorsunuz?" Goering ona "aşağılık" dedi ve mahkeme sanığın dışarı çıkartılmasını emretti. Dimitrov her şeye rağmen şu açıklamayı yapacak zamanı buldu:

"Hem sanık hem kendi kendimin avukatı olarak, suçlayıcılarım ve onları tayin edenler için sevimsiz ve rahatsız edici olduğumu kabul ediyorum, ama yapacak bir şey yok. Savcılık, kesin suçsuzluğuma rağmen beni İmparatorluk mahkemesinde sanık sandalyesine oturtacak kadar ihtiyatsız davrandı. Şimdi, düşüncesizliğinizin bedelini ödemelisiniz. Çorbayı siz pişirdiniz, lezzetli bulsanız da bulmasanız da, benim sorunum değil, beni hiç ilgilendirmez; onu içmeniz gerekecek."

Üç ay süren dava, nihayet son buldu. Mahkemeye geri getirilen Dimitrov, son savunmasını okudu:

"Düşüncelerimi, komünist inançlarımı savunuyorum. Hayatımın anlamını ve içeriğini savunuyorum. İmparatorluk mahkemesi önündeki savunmamın propaganda etkisi yaratması mümkündür. Bir komünist sanık benim mahkeme önündeki duruşumu örnek alabilir. Ama bence, Goering ve Goebbels beylerin söylevlerinin de komünistler üzerinde yararlı propaganda etkisi yaratabileceği muhakkaktır; bu beyler yaptıklarının bilincine hiç varmamış olsalar da.

"Şahsımda, karşılık vermek durumunda kalan Bulgar, Alman proletaryasıdır, evrensel proletaryadır, III. Enternasyonal'in tümüdür, tarihi rolünün bilincini taşıyan, efendi konumunda, muzaffer konumunda söz alıp, artık hiçbir şeyin durduramayacağı en şanlı karşı saldırıya geçen komünizmdir."

Dimitrov konuşmasını şahsi kaderine değinerek bağlarken, ironiyle, zarar ziyan tazminatı talep eder. "Bir gün gelecek, bu talepler, faiziyle ödenecek," diye bitirir konuşmasını.

O, Nürnberg'de olacaktır.

Bu savunmanın paradoksu şudur ki, dosya açısından hiçbir şey kazandırmıyordu: Bir yandan, Dimitrov'un yangın akşamı Berlin'de olmadığını ortaya koyan çok sağlam bir delili vardı; öte yandan savcılık duruşmalar sürerken Lubbe'nin tek başına iş gördüğünü sonunda kabul etmişti.

İşin paradoksu şu ki, bizzat Dimitrov bu teze karşı çıktı:

"Lubbe yalnız değildi. Hayır, bin kez hayır! Toplantı salonu başkaları tarafından ateşe verildi. İki yangın oldu, biri Lubbe'nin çıkardığı, diğeri toplantı salonundaki. Çok açık ki Lubbe, bazı kişilerin elinde aletti. Komünist değil, sınıfı dışına düşmüş, isyankâr bir proleter o. Çılgınlığın ve siyasi provokasyonun gizli ittifakı Reichstag yangınını işte böyle çıkarttı. Çılgınlık sanık sandalyesinde, ama provokatörler toz oldu."

Dimitrov özgür olarak nazilerin elinden kurtuldu.

Bununla birlikte, cüppelilerin, yargıçların, savcıların ya da avukatların gözünde, normal dava, uyum davasıdır. Büyük harfli Adalet bayrağının kıvrımları altında hayal görenler, ulusal savaşın iç savaşa açıldığı, iç savaşın evrensel niteliğe büründüğü bir tarihi evrede tıpkı diğer savaşlar gibi cesaret ve feragatle, hile ve zalimlikle sürdürülen bu savaşı hiçbir zaman anlayamayacaklardır.

Şahane siyasi sanık Prometheus, tanrısal yasaya sığınmaz. Soğuğu özür olarak öne sürmez. Ateşi çalması, itiraf ettiği gibi, sadece insanlara karşı duyduğu aşktandır. Niçin yargıçlar ve avukatlar da tuttukları tarafı itiraf etmezler? Acaba hangi utanç engel olur buna? Ya da hangi kurnazlık?

Üçüncü Bölüm

SİYASİ DAVA TEKNİĞİ

SPOR SARAYI

HER DEVRİN kendi gösterileri ve sanat biçimleri vardır. Trajediyi roman izler, ditirambı opera. Stalin'in öngördüğü ihtilaller ve savaşlar çağı, bizim çağımız, tüm referans sistemlerinin yıkılışına tanık oldu; sömürge sistemlerindeki engin buhrana sosyalist kamptaki revizyonizm ile Mao Zedung düşüncesinin tutuştuğu kavga karşılık verdi. Ahlaki ve dini buhranların kara toprağı üzerinde kızıl davalar boy attı.

Bu çetin çatışmalar, dünyadaki ihtilalci ve ihtilal karşıtı güçlerin çatışması çerçevesine girdikleri için evrensel değerdedirler. Kopuş davaları örneğinde kargaşa daha da büyüktür, orada kitleler kapıları zorlarlar, mahkeme salonlarını işgal edip Spor Sarayları'na dönüştürürler.

Adalet, çağımıza eğitici gösteriler sunar: Bunlar Çin Halk Cumhuriyeti'nde hainlerin, tıpkı bir baledeki gibi, başlarında kâğıttan külahlarla sahne aldıkları suçlama mitingleridir; Batı'da kış vakti berduşların ısınmaya, hırsızların gözlerinde geleceği okumaya geldikleri ceza mahkemeleridir; ya da Castro'nun Domuzlar Körfezi'nde tutuklanmış paralı askerlere mütalaasıdır.

17 Nisan 1961'de Amerikan gizli servislerince talim ettirilmiş, silahlandırılmış, taşınmış bin kadar Kübalı göçmen Küba'ya çıkarma yapmışlardı. Hedefleri, içerideki muhalefetin yardımıyla bir köprü başı kurmak ve ABD'nin resmi müdahalesine çağrıda bulunacak geçici bir hükümeti adaya yerleştirmekti.

Ancak öngörülen Castro karşıtı isyan gerçekleşmedi; dört günlük çatışma sonunda işgalcilerin tümü tutuklandı. Yaklaşık bir hafta sonra, Castro bu adamları Havana'daki Spor Sarayı'nın amfitiyatrosunda, onlara bu serüvene hangi beklentilerle atılıp niçin başarısızlığa uğradıklarını televizyon kameraları önünde anlatmak, Küba'nın geleceği üzerine konuşmak üzere topladı.

Tutuklularla diyaloğun bir hakemi vardı: halk. İhtilal ve Karşı Devrim dört saat boyunca ona hesap verecekti. Bu saf, tüm adli usullerden arınmış dava, bir siyaset bilim dersine dönüşür. Castro gündelik sözcüklerle sosyalizmi tarif eder:

"Sosyalizm nedir biliyor musunuz? Devrimci hükümetin ne olduğunu size anlatmamı ister misiniz? Eskiden faiz ödemek zorunda olan yüz bin ortakçıya, çiftçiye ve çiftlik kiracısına toprak sahipliği veren bir hükümettir. Bugün artık faiz ödemek zorunda olmadıklarını biliyor musunuz? Bunu biliyor musunuz? Onaylıyor musunuz?"("*Evet*" diye cevap verir tutuklular, ikinci kez yenilerek.)

Castro o zaman Batı demokrasisiyle sosyalist demokrasi arasındaki farkı kamu hukukuna değil, insanların dertlerine ve umutlarına dayanarak anlatır:

"Böyleydi, aşağılanan, domuzuyla tavuğunu köy bekçisine veren, anlaşmazlık durumunda hırpalanan köylü. Hangi haklara sahipti bu köylüler? Tarım işletmelerini idare hakları nelerdi? Hiç. Şimdi size bir şey söyleyeceğim, şunu iyi bilin: Eskiden bir şekerkamışı plantasyonu olan yerde bugün işçiler toplanıp kooperatif kuruyorlar. Yöneticilerini kendileri seçiyorlar."

İstilacılar yenilgilerini bu verilere dayanarak anlamalıdır. "Hür dünya"nın haçlılarını bu köylüler kurtarıcı gibi karşılayamazlardı: "Çıkarma yaptığınız yerde ne vardı biliyor muydunuz? Binlerce aile! Devrimin inşa ettiği iki yüz kilometre yol! Devrimci hükümetin Zapata bataklığını kuruttuğunu, birkaç ayda ülkemizin en ıssız bölgelerinden birini en ziyaret edilen yerlerden biri haline getirdiğini biliyor musunuz? Burada köylülere eğitim veren iki yüz öğretmen olduğunu biliyor musunuz? Ve siz buraya mı çıkarma yapmaya geldiniz? Bu köylülerin Tony Varona'ya, Miro Cardona'ya kollarını açacaklarını, onları senatör ve milletvekili yapacaklarını mı sanıyordunuz? Köylülerin sizi niye kollarını açıp karşılamalarının mümkün olmadığını şimdi anlıyor musunuz? Anlıyor musunuz, anlamıyor musunuz?" ("*Evet! Evet!*" çığlıkları.)

Dava kazanılmıştı. Bir cezanın kesilmesi ilke sorunu değil, siyasi isabet sorunudur. Yenik paralı askerlerin Küba hapishanelerinde tutuluşu muzaffer tarafın elinde silahtı; ABD hükümeti onları terk edemezdi. Sözümona yardımsever kuruluşlar aracılığıyla yarı açık pazarlıklara girişildi. Küba, tutukluları özgür bırakıp kovmadan önce, çıkarmanın yol açtığı zarar ve ziyan için savaş tazminatı talep etti. ABD büyük tereddütlerden sonra kabul etmek zorunda kaldı. Böylece askeri yenilgisi siyasi bir yenilgiyle de pekişiyordu.

Bununla birlikte ertesi yıl, 29 Mart'ta, belki pazarlıkları hızlandırmak amacıyla, tutukluların davası yargıçlarla, tanıklarla, tayin edilmiş avukatlarla açıldı. Bu özel mahkeme, bir yandan usullere saygı gösteriyormuş gibi yaparken, cezaları kişiselleştirmeyip mahkûmlar hakkında otuzar yıl hapislik bir kolektif ceza kararı aldı. Pazarlıkları öğrenen sanıklar bu kez asker statülerini öne sürerek sustular. Devrim'in konformizme beceriksiz bir saygı gösterisiyle zorla kabul ettirmek istediği avukatları haklı olarak reddettiler.

Spor Sarayı mitingi her şeye rağmen yeni bir siyasi suçlamanın şafağını vurgular. Dünya emperyalizmin, onun siyasi, ahlaki, hukuki görüşlerinin can çekişmesini yaşamaktadır. Afrika, Asya, Latin Amerika insanları, baskıcı sömürgecilerin onları hapsetmek istedikleri hukuki çerçeveyi terk ederler. Onlar için artık, emperyalizm suçlarına ciddi cezalar kesme gibi bir sorun ortaya çıkmıştır. Bu ceza kesme ne başka bir dünyanın usullerine hamallık edebilir ne sömürgeci jürilerle yetinebilir.

Hâkim beyler, peruklarınızı atın! Karşıdan çıplak ayaklı yargıçlar geliyor!

NÜRNBERG

YİRMİ YIL KADAR ÖNCE Nürnberg davası* da çok eğitici bir gösteri davası olmuştu. Amerika Birleşik Devletleri ve İngiltere hükümetlerince özel düşünülmüştü ve nazi yönetimine özenenlere, Avrupa'yı gene kana bulamaya kalkışırlarsa bunu ne şekilde ödeyeceklerini gösterecekti. Düzenleyicilerin zihninde bu dava, muhtemeldir ki, Sovyet hükümetine bir ihtar olarak da tasarlanmıştı. Stalin, gerek Tahran gerek Yalta'da, mahkeme konusundaki çekimserliğini belirtmiş, "infaz mangası adaleti" şerefine kadeh kaldırmak dışında rol oynamamış, gene de Nürnberg'de Sovyet hükümetini temsil ettirmek zorunda kalmıştı.

Davanın büyük bir başarıya ulaştığı söylenemez. Zira Nürnberg davası, savaş ve barış sorunlarını işlemesine rağmen, siyasi tartışmanın kitleler tarafından berraklıkla algılandığı davalardan farklı olarak, yargıçları ve savcıları felce uğratan, gizli ama derin ayrılıklarla karartılmıştı.

Sanık nazilerin Avrupa ve Kuzey Amerika'nın parlamenter demokrasilerindeki uluslararası kamu düzeni anlayışı adına ya da Marksist-Leninist tarih felsefesini temel alarak yargılanmaları mümkündü. Mümkün olmayan, aynı anda bu iki karşıt görüş adına suçlamak ve yargılamaktı.

Nürnberg'in girişip de kaybettiği bahis bu olmuştur. Yargıçlar, gene bu nedenle, nazi cinayetlerinin olağanüstü boyutunun gerektirdiği çok önemli esas müzakereden kaçarak, yüzeysel, belirsiz, çelişkili hukuki kavramlara tutundular. Gerçeklerin tartışılması konusunda eli kolu bağlanınca, savunma saf hukuki planda, belli bir şıklıkla, tutarlı ve yararlı bir karşı çıkış hazırlayabildi.

* Nürnberg davası 1945-48 yıllarında görülmüştür. –*ç.n.*

Profesör Iahrreisz esas itham noktasını, yani Almanya'nın bir dizi saldırgan savaş başlattığını yadsımıyordu: Zaten deliller arasında yer alan Reich kabinesinin toplantı tutanakları bu noktada hiçbir kuşkuya yer bırakmıyordu. Ancak Profesör bu olayların herhangi bir ceza konusu teşkil etmesini kabullenmiyordu. 1928'deki Briand-Kellog antlaşması (ki "savaştan cayma" antlaşması diye de anılır) gerçekten de saldırganlığın tam tanımını yapmıyor, sadece diplomatik cezalar öngörüyordu. Modern ceza yasasının iki temel kuralı olan *nullum crimen* ve *nulla poena sin lege*, "yasa yoksa ne suç vardır ne ceza" –ki baştan suçu ve cezayı tanımlayıp sınırlar– ihlal edilmişti. Salt hukuki açıdan baktığınızda karşı çıkılması zor bir görüştü bu.

Yargıçları ve savcıları güç durumda bırakan sadece saf hukuk değil, aynı zamanda gerçeklerdi. Şöyle ki, iddianame saldırgan savaşı "uluslararası suç" diye tanımlayan Milletler Topluluğu kararını öne sürdüğünde, savunma rahatça, aynı Milletler Topluluğu'nun Japonya Çin'e saldırdığında hiçbir girişimde bulunmadığını, Mussolini'nin Etiyopya'yı fethi sırasında platonik bir itirazla yetindiğini hatırlattı. Batılı yargıçlar, esas düşüncelerini dile getirebilselerdi, kuşku yok ki bu kurbanların Avrupa'ya ait olmadıklarını, nazizmin işlediği suçun da zaten, sivil halkı hedef alan klasik sömürgecilik ve savaş yöntemlerini Avrupa'ya taşımak olduğunu söyleyeceklerdi. Ancak Sovyet delegenin varlığı buna engel teşkil ediyordu.

Aynı şekilde Hitler'in Polonya'ya saldırısı gündeme geldiğinde; savunma Baltık ülkelerinde ve Curzon hattının doğusundaki Polonya topraklarında SSCB'ye hareket özgürlüğü tanıyan Alman-Sovyet saldırmazlık paktının ek protokol maddelerini öne sürdü. Sovyet savcı, karşılık olarak bir siyasi eylemdeki ölçütün o eylemin bürüneceği konvansiyonel biçim değil, içeriği olduğunu söyleyebilirdi – ancak Batılıların mevcudiyeti onu da suskunluğa mahkûm ediyordu. Sovyet savcı protokollerin varlığını inkâr etti ve savunmanın onları bir OSS (geleceğin CIA'sı) ajanından tedarik ettiğini bildiği için, sahtelikle suçladığı belgenin bulanık kaynağının açıklanmasını şart koştu. Başkan –İngiliz'di– belgeyi dava dışı tutmayı tercih etti.

Saldırganlığın tanımı konusunda güç duruma düşen iddianame, savaş suçlarıyla ilgili müzakerede de rahatlayamadı. Hitler'in güvenilir adamı, Hitler'in vasiyetname yoluyla hükümet şefi olarak görevlendirdiği Alman donanmasının şefi Amiral Dönitz, bu vesileyle kellesini kurtarabildi. Oysa 1942'de tüm Alman denizaltı kumandanlarına müttefik batık gemilerle ilgili şu talimatı yollamıştı: "Torpillenmiş bir gemi mürettebatının herhangi bir şekilde kurtarılması yasaktır. Sadece sorguya çekilmeleri denizaltıya yararlı bilgiler sağlayabilecek olanlar kurtarılmalıdır. Acımasız davranılacaktır." Talimatın ucunda, batıkları toplamakla görevli kurtarma gemilerinin mutlaka batırılması emri geliyordu: "Gemilerin mürettebatlarını da mahvetmek istediğimize göre kurtarma gemisinin yok edilmesi büyük önem taşımaktadır." Dönitz bu belgelere itiraz etmedi; Pasifik'teki Japon batık gemileriyle ilgili Amerikan donanması şefi Chester Nimitz'in imzasını taşıyan benzer bir emri mahkemeye sundu. On yıllık hapis cezasına mahkûm edildi.

İnsanlığa karşı işlenmiş suçlar, Lahey hükümlerince tanımlanmış savaş suçlarından farklı olarak, yeni bir kavramdı. Tüzüğün 6c maddesi, insanlığa karşı işlenmiş suçları şöyle tanımlıyordu:

"*Savaştan önce ya da savaş sırasında*[1] tüm sivil topluluklara karşı işlenmiş cinayetler, kıyımlar, köleleştirme faaliyetleri, sürgüne ya da toplama kamplarına yollamalar; veya siyasal, ırksal ya da dinsel nedenlerle gerçekleştirilen zulümler. Bu zulümler ve eylemler, işlendikleri ülkelerde yasanın ihlali sayılsın sayılmasın, bu mahkemenin yetki alanına giren herhangi bir suçtan sonra ya da bu suçla ilgili olarak işlenmişse."

Tanım –toplamayla varılan uzlaşma, ki hepsinden beterdir– öylesine belirsizdi ki, pekâlâ yargıçların aleyhine de dönebilirdi. Gerçi gerçekte davanın son şeklini tayin eden ABD'den gelen sav-

1. Altını çizen benim.

cı Jackson sanıkların kendi faaliyetleriyle ilgili hesap vereceklerini, muzaffer hükümetlerin eylemlerini eleştirme hakkına sahip olmayacaklarını açıkça belirtmişti. Gene de tehlike ortadan kalkmış değildi ve kamuoyu, orada burada, aynı hükümlere dayanarak müttefik ülkelerin devlet büyüklerini yargılama eğilimi gösterebilirdi.

Sovyet hükümetinin Kulakları (Rus toprak sahipleri) hem sınıf hem on milyon birey olarak yok edişi siyasi zulüm olarak görülemez miydi? Anglosakson fatihlerin Avustralyalı Tasmanlıları ya da Kızılderilileri ortadan kaldırması sivil toplulukların yok edilişi kapsamına girmez miydi? Fransız sömürgelerindeki mecburi hizmet köleleştirme eylemi sayılmaz mıydı?

Amerika Birleşik Devletleri ilk atom bombalarını Asyalı topluluklar üzerinde deneyip, hem dolaysız yoldan hem beşinci kollar aracılığıyla Çin'i, Kore'yi, Filipinler'i fethetmeye ve yeniden fethetmeye kalkışırken, Fransa 1945'teki Cezayir ayaklanmasını bastırıp Hindiçin'i yeniden ele geçirmeye girişirken, İngiltere Hint donanmasının isyanıyla baş etmek zorunda kalırken, kuşkusuz bunlar önemli sorulardı.

Yahudilere reva görülen koşullar Polonya hükümetinin suç ortaklığına dikkat çekiyor, ama aynı zamanda hem Güney Afrika Cumhuriyeti'ndeki Afrikalı çoğunluğun hem de Amerika Birleşik Devletleri'ndeki Siyahi azınlığın koşullarını hatırlatıyordu.

Mahkeme, bu temel müzakereden kaçtı ve tüzüğün 6c maddesini kısıtlı şekilde yorumladı:

"Savaştan önce işlenmiş bu mahiyetteki eylemlerin 'insanlığa karşı suç' oluşturmaları için, saldırgan bir savaşı başlatıp onu sürdürmeyi amaçlayan bir komplo ya da planın uygulanışı olması gereklidir. En azından eylemler o savaşla ilişkili olmalıdır. Oysa söz konusu eylemlerde, kimi zaman ne denli çileden çıkarıcı ve tüyler ürpertici olursa olsunlar, mahkeme bu ilişkinin kanıtlanmadığı kanısındadır. Dolayısıyla nazizme atfedilen ve 1 Eylül 1939'dan önce meydana gelen bu olayların, tüzüğe göre, genel olarak insanlığa karşı suç oluşturduklarını ilan edemez."

Mahkemenin bu yargısından çıkan sonuç, soykırımı, ancak dünyanın paylaşımını söz konusu etme eğilimine bağlı olduğu durumda uluslararası cezaya layık gördüğüdür. Oturtmak iddiasında olduğu görüş açıktı: "Kendi yuvasında", kendi ulusal sınırlarının içinde gerçekleştirilen ırksal zulümler, sömürgelerdeki iç hukuka bağlı olduğu kabul edilen, her tür uluslararası cezadan paçayı kurtaran tüm baskılar insanlığa karşı işlenmiş suçlar değildi.

Nürnberg sanıklarını ideolojilerine gönderme yapmadan mahkûm etmek imkânsızdı, ama aynı nedenden ötürü iddianame davanın çerçevesinden çıkma tehlikesiyle karşı karşıya kalıyordu. Bu yüzden Jackson, François de Menthon'un ve General Rudenko'nun karşısına dikildi ve kazandı: "Suç diye nitelendirdiğimiz, düşünceleri değil, eylemleridir."

Bu karmaşık davanın satırları arasında, aslında iki bitmemiş dava izlenebilir. Birincisi, nazi savunması ile Sovyet savcılar arasındaki kopuş davasıdır. İkincisi, sanıklar ile Batılı, özellikle de Anglosakson savcılar arasındaki uyum davası. Zaten barışa karşı işlenmiş suçlar ile savaş suçları tartışılırken, sanıklar savcılara kendi yaptıklarını hatırlatarak mukabele etmekte tereddüt etmediler ama sıra iddianamenin dördüncü maddesine geldiğinde, savcılık makamındakilerin Avrupa dışı imparatorluklarındaki faaliyetlerini ifşa etmediler.

Bu gizli diyaloğun bitiminde, 1 Ekim 1946'da, Polonya'nın celladı Frank Tanrı'dan özür diledi, kendisini ölüme mahkûm eden mahkemeye teşekkürlerini sundu. Von Papen ve Schacht, Kilise ve Banka beraat ettirildiler.

Savcılık makamı, tek bir yenme isteğiyle hareket etmediği için, yekpare bir iddianamenin (salt Sovyet ya da salt Batılı) galip gelebileceği yerde, kısmen başarısızlığa uğramıştı.

Nürnberg'den çıkan tüm derslerin olumsuz olduğu sonucuna mı varmalı?.. Kuşkusuz hayır. Nürnberg, 1945 yılı kurbanının tüm karmaşıklığını yansıtır. Herkes ondan kendine göre bir şeyler çıkartabilir.

Davanın ilk dersi, ütopyacıların ve kurnazların hayalini kurduğu, dünya çapında, evrensel bir mahkemenin imkânsız olduğudur. Yargıçlar ve savcılar aynı uluslararası kamu düzeni anlayışı adına yargıda bulunup ceza talep edebilecek durumda olmalıdırlar: Ya devrimci mahkeme ya Kutsal-İttifak mahkemesi; aynı anda her ikisi değil.

İkinci ders, artık bundan böyle galiplerin –ve kim olabilir galipler, halklardan başka?– yenilenleri yargılama hakkına sahip olduklarıdır. Stalin'in infaz mangası bir ehvenişerdir; yaylım ateşlerinde geniş adli tartışmaların, adli ayinin yankısı olmaz. Bunun farkına varmak için, savaş suçundan tutuklu Amerikan pilotlarınının Hanoy tarafından *yargılanacakları* söylentisi ABD'ye yayılınca etrafı saran heyecan dalgasını hatırlamak yeterlidir.

Üçüncü ders, sürekli oynak olan uluslararası düzende, evveliyatın ve yasaların yokluğu sorununun, onları yaratarak kısa yoldan giderilebileceğidir.

Nürnberg'in dördüncü dersi, SS'ler ve Gestapo vesilesiyle uluslararası hukuk bilimine kolektif sorumluluk kavramının girmiş olduğudur.

Beşinci ders, resmi sıfat, emre itaat gibi geleneksel özürleri geri çevirmiş olmasıdır.

Altıncısı, bundan böyle bireylerin cezai açıdan uluslararası hukuka bağlı olmalarıdır.

Bu halklar mahkemesi bir gün doğacak mıdır? Kuşkusuz. Cezayir'de FLN partisinin resmi basını, bir ara, Tshombe'yi yargılamak üzere bir Afrikalı devrimci mahkeme davet etmeyi düşündü, Russell'ın Vietnam'la ilgili soruşturma komisyonunun saygıdeğer şahsiyetleri de çalışmaları üzerine kamuoyunun dikkatini çekebilmek için bir mahkeme görünümünü benimsediler.

Uluslararası hukuk, bugünkü dünyanın çatışan çelişkilerini yansıttığı için Nürnberg'den dersler çıkarmalı ama onun örneğini izlememelidir. Bu halklar mahkemesi, birkaç kişinin girişimiyle doğmamalı, halkların mücadelesinden çıkmalıdır. Nürnberg yargıçlarının övüncü, kendi ölüleri, kendi zaferleri, kendi darağaçları adına konuşmuş olmaktır.

BUHARİN

HER SAVAŞ GİBİ, bir dava aynı zamanda oyuna benzer; ama oyunun mutlaka kumar olması gerekmez. Genel eğilim, bütün itirafları fiziki ya da "manevi" işkenceyle ilişkilendirmektir. Ancak şöyle cadı davaları tahayyül etmek yasak değil: Ateş, Engizisyon yargıçları ile suçluların diyaloğunda ve davanın prosedüründe hiç rol oynamasa, sadece en sonda, ayinin mükemmeliği için yakılsa... Duruşmalar, sanıklarla savcıların mütevekkil anlaşması içinde, taşkınlık olmadan götürülse, erkenci çığlıklar atılmasa, kan vaktinden önce akmasa...

Salem Cadıları davasında Arthur Miller,[1] "tarafsız" yargıçlar sergilemekte haklıydı: "Ruhlarımızda, iyiyle kötünün yolları birbirleriyle sonsuza dek kesişir," der Rahip Halle, ve Genel Vali Danforth ona şu öğütle yankı verir: "Karar vermekte acele etmeyelim."

Bununla birlikte Mary Warren, ki kimseden işkence görmemiştir ve masum insanları haksız yere suçladığına pişmandır, sonunda gene masumlara yüklenir. Söylediği her şey aleyhine döner ve olup bitenleri açıklayamadığı için, adli dayatmaya boyun eğer; ki bu gerçeklerin dayatması değildir.

Moskova davaları da, Kruşçev'in raporundaki gibi, sadece işkence, uyuşturucu haplar ve manevi baskıyla açıklanamaz. Koestler'in önerdiği gibi, sanıkların felsefesine yabancı Yahudi-Hıristiyan dini kavramlarla, daha da az.

1. Arthur Miller, "Cadı Kazanı", *Seçilmiş Oyunlar I* içinde, çev. Sabahattin Eyüboğlu ve diğ., İstanbul: Adam, 1982.

Buharin,* kendi terimleriyle, "herkesin önünde 'Vurun bana Ortodokslar, ben hainim' diye haykırmaya hazır" bir Dostoyevski kahramanı değildi. Ne uyuşturucu almıştı ne işkence görüp güçsüz kalmıştı; casusluk ya da terörizm suçlamalarına karşı kendisini adım adım telaşsızca savunuyordu.

Buna rağmen davanın sonunda yenilgisini kabul etti: "Az sonra sözümü tamamlayacağım, belki ömrümde son kez konuşuyorum. Hukuki güç, ve siz yargıç yurttaşların karşısında gerileme zorunluluğu noktasına nasıl vardığımı açıklamak istiyorum. Vladimir İliç'in hayatına kastetme suçunu kabul etmiyorum, ancak karşı devrim için birlikte çalıştıklarım ve başta ben, Stalin'in olağanüstü başarıyla sürdürdüğü Lenin'in eserini katletmeyi denedik."

Yenilginin nedenleri Buharin'in ideolojisi ve pratiğinden başka yerde aranmamalıdır. Kaplumbağa adımıyla sanayileşmeyi savunmuşken şimdi beş yıllık planların başarısını görüyordu, köy burjuvazisiyle ittifakı savunmuşken hayretler içinde Kulakların ölümüne tanık oluyordu. Güvendiği toplumsal güçler yok edilmişti. Rakibinin başarısı ile kendisini mahkûm eden "tarihin yargısı" karşısında manevi gücü yıkılıyordu.

Lenin'in vurguladığı gibi, parlak ama skolastik bir Marksist olan Buharin ihtilalin ileri Batı ülkelerinde patlayacağına inanmıştı. Sosyalizmi Rusya gibi azgelişmiş bir ülkenin bağrında kurabilmiş bir partinin önemini ve şahısların rolünü azımsamıştı. Avrupa Aydınlanma felsefesinin çocuğu olduğu için, beş yıllık planlar ve kolektifleşme uğruna ödenmesi gereken bedel karşısında gerilemişti. Nihayet, biçimsel bir siyasi coğrafya haritası üzerinde yolunu yitirmişti.

Kuşkusuz, bugün tarihsel mesafe sayesinde duruşunu açıklayabiliyoruz; o dönem Tito, Komintern aygıtında kimsenin tanımadığı yoldaş Walter'di ve Mao Zedung Çin Komünist Partisi'nde dogmacılara karşı ucu ucuna bir zafer elde etmişti. Buharin, tüm

* Buharin, Mart 1937'de tutuklanıp "Anti-Sovyet Sağcılar ve Troçkistler" davasında yargılandıktan sonra idam cezasına çarptırılmıştır. *–ç.n.*

kuramsal kültürüne rağmen, geleceği böylesine öngöremezdi. Yirmi çalkantılı yılı birbirine bağlayan ipliği gözleri ayırt edemiyordu; öte yandan, partide, Lenin zamanında, hatta Stalin ile sol muhalefete karşı ittifak kurduğu zamanda hasımlaşmamış siyasi çelişkiler ikinci ihtilalden (ki ilkinden derindi) sonra hasımlaşmışlardı.

Yozlaşmış ama kafası net olan Danton'dan (ateşli suçlayıcılarından daha gerçekçiydi Danton ve doğan burjuva toplumu hakkında daha berrak bir fikre varmıştı, bu nedenle karşılarında hiçbir vicdan azabı çekmedi) farklı olarak Buharin, artık sadece "mutsuz bir şuurdu" ve, pek aşina olduğu Hegel'in deyişiyle, "bugünkü acısının çarmıhında akıl gülünü seçmeye" çalışıyordu.

Bu nedenle daha baştan mağluptu ve bunu bilen Stalin, siyasi anlaşmazlıklarını dile getirmek için en tembel yolu, kamu hukukunun dilini seçti.

TAPINAK ŞÖVALYELERİ

TAPINAK ŞÖVALYELERİNİN güzel davası –bir yaranın güzelliğinden söz edilebilirse– satranç partisi gibi oynanır. Ne davanın başlama tarihi ne satranç taşlarının ağır hareketi tesadüfidir. Rakibin her saldırısı önceden öngörülmüş, şahmat'a kadar karşı konulmuştur.

Tarikat yol kavşağındaydı... Filistin'de, Tapınak şövalyelerinin ufku genişlemişti. Bir Fransa kralının Babil sultanıyla ittifak kurduğunu görmüşler, bir Kutsal Roma Cermen imparatorunun "Dağdaki İhtiyar"la* işbirliğine tanık olmuşlardı. Doğu'nun yeni Platoncu, gnostik, manikeist dini geleneklerine aşina olmuşlardı ve İslamı keşfetmişlerdi. Tarikatın aşırı hiyerarşi ve gizlilik eğiliminin gerisinde, yeni bir Batınilik barınıyordu.

* Şeyh Al-Cabal. Haşhaşiler tarikatının lideri Hasan Sabbah. –*ç.n.*

Fransa kralının başına yeni maddi sorunlar da açıyorlardı. Kıbrıs'tan İspanya'ya yayılmış olan tarikat Fransa krallığının yeni doğan ulusalcılığıyla çelişkiye düşen Hıristiyan birlik ülküsünü dile getiriyordu; daha önemlisi, güçlü bir mali örgüte dönüşmüştü. Kral Philippe le Bel (Güzel Philippe) güçlü ve merkeziyetçi bir devlet kurmanın zorluklarıyla cebelleşirken tarikatın yardımına başvurmak zorunda kaldı. Bu vesileyle, kendi gücünü çok aşan nüfuzlarını da ölçebildi. Tarikat mahkûm olmuştu.

Anlaşmazlığın başlıca nedenleri kuşkusuz bunlardı. Ancak anlaşmazlığı iman diline ve hukuki cebre tercüme edip mahkeme önüne getirmek gerekiyordu. Bu işi kralın en etkili danışmanı Guillaume de Nogaret üstlendi. Nogaret'nin bulduğu çözümün şık sadeliğini değerlendirebilmek için, sorunun karmaşıklığını iyice anlamak zarurettir:

• Halk Tapınak şövalyelerinin güçlerini yıkmak, mallarına el koymak isteyen kralın, bir süre önce Yahudilere yaptığı gibi, onları soyup soğana çevirmesini, işkenceden geçirmesini, krallıktan teklifsizce kovmasını anlayamazdı; Tapınak şövalyelerini önce Kilise'den kovmak gerekiyordu;

• Ancak Tapınak şövalyelerini Kilise'den kovmak için Papalık'ın yardımı şarttı, ki yeni Papa Fransız ve güçsüz olsa da, böyle bir şey imkânsızdı. Dolayısıyla Papa'yı her seferinde hukuki bir oldubittiye getirmek gerekiyordu;

• Papalık'ı oldubittiye getirmek için Fransız Kilisesi'ni kullanmak, onun kontrolünü yitirmemeye dikkat etmek gerekiyordu.

Öyle de yapıldı.

1303'te, Milano yakınlarında bir bölge valisini öldüren Tapınak şövalyesi Esquin de Floyrano Paris'e sığınmıştı. Nogaret onunla ilişkiye girdi ve onu Toulouse'daki krallık şatosuna, ölüme mahkûm bir burjuvayla aynı hücreye tıktırdı. İstisnai olarak ikisi de bir rahibin desteğinden mahrum edildikleri için birbirlerine günah çıkarttılar. Esquin'in Tapınak tarikatında tanık olduğunu söylediği cinayetleri duyunca dehşete kapılan ve bu itirafları ihbar ederek büyük yarar sağlayacağını anlayan burjuva, kralın huzuruna çıkmayı talep etti. Talep, Nogaret'nin tavsiyesi üzerine kabul edildi. Burjuva'nın cezası bağışlandı. Krala gelince, bozuşmak için gerekli dinsel bahaneyi bulmuştu. Ancak en uygun zamanlama için dört yıl bekledi.

13 Ekim 1307 Cuma günü, büyük üstat Jacques de Molay dahil, Fransa'daki tüm Tapınak şövalyeleri aynı saatte tevkif edildiler. Ertesi gün kral bir bildiriyle Fransa Engizisyon yargıcı, "Tanrı aşkında kardeşimiz Guillaume de Paris"nin "istirhamı üzerine" harekete geçtiğini açıklıyordu. Aslında, Kralın Konseyince verilen gizli tutuklama emri 14 Eylül, Engizisyon yargıcının elkoyma emri ise 22 Eylül tarihini taşıyordu.

On gün sonra, 24 Ekim'de, Jacques de Molay itiraflara geçti: "Bundan kırk iki yıl önce, Beaune'da, Şövalye Rahip Humbert de Pariaud beni huzuruna kabul etti. Peder Amaury de la Roche ve artık adlarını anımsayamadığım pek çok peder de oradaydı. Önce tarikat kuralları ve yasaları ile ilgili çeşitli vaatlerde bulundum, sonra sırtıma harmaniyi giydirdiler. Bunun üzerine Rahip Humbert, üzerinde İsa temsili bulunan tunçtan bir haç getirtti, haçta temsil edilen İsa'yı inkâr etmemi buyurdu. İstemeye istemeye bunu yaptım. Rahip Humbert sonra bana haça tükürmemi söyledi, yere tükürdüm."

25 Ekim'de Molay Paris Üniversitesi'nin hocaları ve öğrencilerinin önüne çıkarıldı, orada itiraflarını yineledi. Paris'te tevkif edilen yüz otuz sekiz Tapınak rahibinden sadece dördü suçsuz olduklarını savundular. Paniğe kapılan Papa, onları diğer krallardan korumak için Avrupa'daki tüm Tapınak şövalyelerinin tutuklanmasını emretti; böylece Fransa'daki kral otoritesinin suçlamalarını doğrulamış göründü. Kral, ilk turu kazanıyordu.

Papa rövanşı almaya çalıştı. Şubat 1308'de Engizisyonun yetkilerini iptal etti ve davanın yargısını doğrudan kendi şahsına bağladı. Davanın kral aleyhine dönme tehlikesi doğmuştu. "Son derece kıymetli Katolik dini incisi"nin bekçisi Kral Philippe'in Papa V. Clement'e verdiği yanıt, Krallık Meclisleri ile kamuoyuna çağrıda bulunmak oldu. 1308 Martı sonunda, valilerini, yargıçlarını, konsüllerini, komünlerini, baronlarını, başpiskoposlarını, piskoposlarını ve başpapazlarını toplayıp, Tapınak rahiplerine karşı şiddetli bir mütalaa okudu. İleride çok kullanılacak bir yöntemle, mahkûmlardan sökülmüş kısmi itirafları tek iddianamede birleştiriyordu:

"Ey acı! Ey Tapınak rahiplerinin iğrenç, uğursuz yoldan çıkışı! Biliyorsunuz, sadece İsa'yı inkâr etmekle kalmadılar, günahkâr tarikatlarına girenleri aynı şeyi yapmaya zorladılar. İsa'nın Çarmıhı'na tükürürken, eserlerinin, yaşantılarımızın en vazgeçilmez kutsalına tükürüyorlardı: Birbirlerinin en aşağılık yerlerini öpüyorlardı, putlara tapıyorlar ve çekinmeden, doğaya aykırı, hayvanların bile reddettiği âdetlerin kendilerine yasak olmadığını ve rezil ritüellerine göre caiz olduğunu iddia ediyorlardı. Bunca suç karşısında yer gök sarsılıyor, doğa güçleri şaşırıyor."

Meclisler krala hak verdiler. Papa geriledi. Kişilerin sorgusunu piskoposluk komisyonlarına bıraktı. Papalık komisyonu sadece tarikat faaliyetleri üzerine bir soruşturma yürütecek ve sonuçları bir sonraki Konsil'e sunacaktı. Tutuklular oldukları yerde, yani kralın elinde kalıyorlardı.

Papa'nın gerilemesi "savunmanın haklarını" gerçekten zedeliyor, ancak imkânsız kılmıyordu. Tarikat uluslararasıydı ve bazı ülkelerde devlet güçleri ondan yanaydı; yani karşı saldırıya geçebilirdi. Hiçbir şey yapmadı. Tapınak rahipleri kendilerine karşı yürütülen, İngiltere kralının deyimiyle "iftira ve tamahkârlık" operasyonunu Fransa'da bile Papalık Komisyonu'na şikâyet edebilirlerdi. Bunu da yapmadılar. Böylesi bir edilgenliği açıklamak için işkenceyi ya da cesaretsizliği öne sürmek dar görüşlülük olur; zira odun yığınları karşısında çoğu kahramanca davrandı; tutumlarına başka nedenler aramak gerekir.

Tapınak şövalyeleri sadece kralın tutsakları değildiler. Aynı zamanda kralın onlara karşı öne sürdüğü ilkelerin de tutsaklarıydılar. Dini sapkın da olsalar, Hıristiyan kalıyorlardı. Uluslararası bir tarikatın üyeleri de olsalar, kral saygısıyla yetişmiş şövalyelerdi. Dinsizlik ithamının gerisinde, kendilerine yapılan zulmün dinle alakasız nedenlerini seçecek kadar ayıktılar, ama bu iddianameyi hafife alamayacak, hesap verme zorunluluğunu yok sayamayacak kadar Hıristiyandılar.

Gerçi, gördükleri işkenceleri ifşa edip itiraflarının çoğunu geri aldılar. Böylece yalanlamadıklarını doğrulamış oluyorlardı. Neredeyse hepsi kiliselerin ve komutanlıkların alacakaranlığında, gizli oturumlar sırasında İsa'yı inkâr ettiklerini, haç üstünde yürüdüklerini kabul etti. Tapınak tarikatı yanlısı tarihçiler bile artık bu olayın gerçekliğinden kuşku duymuyor. Ama bir komplonun kaderi nasıl başarmak ise, ezoterik (Batıni) bir töreninki de gün ışığına çıkmamaktır. Tapınak şövalyeleri, ihbar edildiklerinde şaşkınlıktan donmuş gibiydiler. Evet ya da hayırla cevap vermeye zorlandıkları indirgemeci, şematik adalet meydanında dertlerini artık anlatamazlardı.

Tapınak üstatları, kuşkusuz bu nedenle, Papalık Komisyonu'na konuşmayı reddedip doğrudan Papa huzuruna çıkma talebinde bulundular. Ancak Papa, kralın korkusundan, bunu kabul edemezdi.

Kralın iktidarı bu başı kesik savunma karşısında gerçekten baskısını sürdürüyordu. 12 Mayıs 1310'da, krala sadık Sens başpiskoposunun başkanlığında Paris'te toplanan dinişleri kurulunun emri üzerine, Paris bölgesinden elli dört Tapınak şövalyesi yakıldı. 18 Mayıs akşamı, savunmanın en önemli sözcüsü Pierre de Bologne yok oluyordu.

5 Haziran 1311'de kapandığı ilan edilen soruşturma Papa'ya devredildi. Konsil 1 Ekim'de, Dauphiné bölgesindeki Vienne kentinde toplandı. Papa ceza vermemek ve müzakerelere engel olmak için *Vox clamantis* fermanıyla tarikatın kapatılmasını emretti. Sorunu açık bırakmayı umuyordu. Ama kral, bir saygı jestiyle, yüksek mevkilerdeki Tapınak üyelerini yargılama işini Papa'ya devretti. Papalık Komisyonu, onları Engizisyonun yedi yıl önce söktüğü itiraflara dayanarak yargılamak zorunda kaldı.

19 Mart 1314'te, büyük üstat Jacques de Molay ve diğer yük-

sek mevkidekiler, Notre-Dame de Paris Kilisesi'nin önüne götürüldüler ve kendilerine verilen cezayı dinlediler: ömür boyu hapis. Jacques de Molay ve Geoffray de Charnay halka dönerek suçsuz olduklarını ve tarikatın yüceliğini haykırdılar. Bir çavuş eliyle ağızlarını kapattı. Yeniden günaha girmişlerdi. Kardinaller onları seküler hukuka havale ettiler.

Philippe hemen o akşam onları sarayının karşısındaki Cité adasının ucunda, diğer otuz yedi şövalyeyle birlikte yaktırdı. Cesaretleri sarsılmadı. Son çığlıkları şu oldu: "Bedenler kralın, ruhlar Tanrı'nındır!"

Philippe'in umurunda değildi. Servetleri kendisine kalıyordu.

JEANNE D'ARC'A İADE İ İTİBAR*

JEANNE D'ARC'A iade-i itibar davası, başka tür bir oyunu temsil eder. Girizgâh aynı değildir: İddiannameyi hazırlayanlar da sanıklar da ölmüştür. Geriye kalan iktidar ile kamuoyudur. İktidar, kamuoyuna uyuyormuş gibi yaparak onu etkisi altına alacaktır.

Bu dava modern karşı-davaların müjdecisidir. Sanığın dostları tehlikeli çatışma alanından kaçarak, sanığın yokluğunda kendi seçtikleri figüranlarla, kendi seçtikleri dekor içinde ikinci bir dava açarlar. Adalet, modası geçmiş kurallarından sıyrılarak mizansenin ve siyasetin dayattığı kurallara açıkça tabi olur.

* Köylü bir ailenin kızı olan Jeanne d'Arc, on üç yaşındayken İngiltere'nin işgali altında bulunan Kuzey Fransa'yı kurtaracağı yolunda gaipten sesler duyduğunu iddia ederek henüz krallık tacını giymemiş olan VII. Charles'a gitti. VII. Charles kendisine kulak asmayınca çevresine topladığı askerleri savaşmaya sürükledi. 1430'da Bourgogne dükü tarafından yakalanıp İngilizlere satılan Jeanne d'Arc, VII. Charles'tan hiçbir yardım almadı ve 1431'de dine karşı gelmek ve büyücülük suçlarından ötürü yakıldı. 1450'de Rouen'a giden VII. Charles, Jeanne d'Arc'ın yeniden yargılanmasını buyurdu. Bu yargılanma sonucunda d'Arc suçsuz bulundu, karar 1456'da Papa tarafından onaylandı. *–ç.n.*

Rouen mahkemesinin kardinalleri, piskoposları, papazları, doktorları ve rahipleri Bakire'nin,* o gizemli ve çelişkili kahramanın davasını görürlerken, şahsında "pek Hıristiyan Fransa kralının davasını lekelemeye" uğraşmışlardı; ama boşuna. Jeanne'ın davranışlarını "bir bakireye yaraşır alçakgönüllülükte olmayan ve saygısız", zambaklı armasını "şatafat ve gösteriş merakı", giysilerini "erkeklerin en sefihlerinin giymeye alışık olduğu kılık ve giysiler" diye nitelemişler, asker evinin "iffetli ve sofu bir kadına" yakışmadığını, cesaretinin "sadece cinayete ve insan kanı dökmeye teşvik", duyduğu seslerin ise "şeytanın sesleri" olduğunu buyurmuşlardı.

İman müzakeresine tabi tuttuktan sonra, Kilise'yi umursamadığını belirtmişlerdi.

"Militan [yeryüzündeki] Kilise size vahiylerinizin hayali ya da şeytanın işi olduğunu söylerse, Kilise'ye uyacak mısınız?"

"Tanrı'ya uyacağım. Eğer Kilise bana tersini emrederse, yeryüzünde hiçbir insana değil, sadece Tanrı'ya uyacağım, ve hep onun emrine itaat edeceğim."

"Öyleyse kendinizi Tanrı'nın yeryüzündeki Kilisesi'ne, yani efendimiz Papa'ya, kardinallere, başpiskoposlara, piskoposlara ve Kilise'nin diğer büyüklerine tabi hissetmiyor musunuz?"

"Evet, kendimi onlara tabi hissediyorum, ama kulluğum öncelikle Tanrı'yadır."

Yargıçların yargısı şöyle olmuştu:

"Söz ve eylemlerini militan Kilise'nin kararına tabi tutması için uyarılan ve kendisine militan Kilise ile muzaffer [gökyüzündeki] Kilise arasındaki ayrım hatırlatılan Jeanne, muzaffer Kilise'ye tabi olduğunu söyledi; militan Kilise'ye tabi olmayı reddederek yanılgı içinde olduğunu gösterdi. Jeanne, aracıya ihtiyaç duymadan Tanrı'ya ait olduğunu ve eylemleri konusunda Kilise'nin yargısına değil, Tanrı'ya ve onun azizlerine danıştığını söyledi."

Dini sapkın, Kilise'den kopmuş, "sıkılmadan, 'palavralar' ve

* Jeanne d'Arc, Orléans Bakiresi adıyla anılırdı. *–ç.n.*

başka saçma sözler sıralamış, iyiliksever bir kadına yaraşmayacak alaycı bir ton kullanma cüretini göstermiş" Jeanne Kilise mahkemesinde hüküm giyip doğrudan cellada teslim edildi.

Jeanne'ın davası gene de, itiraflarına ve mezhepsel sapkın görüşlerine rağmen, soy sopunun bilinmezliğine, Kilise'ye, Paris Üniversitesi'ne ve İngiliz tarafın gücüne rağmen başarısızlıkla sonuçlandı, zira doğrudan halkın hissiyatına tosluyordu. Halk tanrısal esine inanmayı seçmişti, çünkü Jeanne o sıralar eylemleriyle Fransa krallığında doğmakta olan ulusal hissi gerçekten dile getirmeyi bilmişti. Bu hissi kraldan fazla, Orléans'lılardan fazla duymuştu. Onlar ise, biri kenti kurtuldu diye, diğeri tahta oturdu diye, hâlâ uzlaşmacı bir barış peşindeydiler.

Ceza davasının göreceli başarısızlığı kralı kamuoyu nezdinde aklamaya yetmiyordu. Çünkü Jeanne eğer büyücüyse, demek kral tahtını şeytana borçluydu; ama eğer ermiş ise, demek kral ona ihanet etmiş, onu terk etmişti. Karşı-davanın zorlu hedefi, Jeanne'ın, kral yeniden tahtına otursun, Reims'te taç giysin diye uğraş verirken Tanrı'dan emir aldığını, kralın da, eğer tutuklanışı ardından Jeanne'ı kurtarmak için hiçbir şey yapmamışsa, ciddi nedenleri olduğunu kanıtlamaktı.

Karşı-dava, bu çifte hedefe ulaşabilmek için Jeanne'ın çelişkili kişiliğini yaratacaktır. Hiçbir dava, bunca sabır ve özenle, bunca berrak bir amaç ve bu kadar esnek araçlarla yürütülmemiştir. Yüzlerce tanık dinlenmiş, ancak bu tanıklıklar, yanıtların telkin edildiği, hiçbir kaymaya izin vermeyen bir dizi hazır sorunun ilmikleri arasına sıkıştırılmıştır.

Vaftiz babası, uslu ve alçakgönüllü genç kız Jeanne'ın çocukluğuyla ilgili şöyle der: "Jeannette küçük yaşında imanla ve törelere göre yetiştirildi, öyle ki, Domremy'nin neredeyse tüm sakinleri onu severdi, ve Jeannette, yaşıtı olan tüm diğer kız çocukları gibi, dinini, *Notre Père*'i, *Ave Maria*'yı bilirdi."

Jean de Novelonpont, genç kızın, "yoksul giysilerle" ve efsunlanmış gibi at üstünde gidişini anlatır, ama ona hangi koşullarda rastladığını belirtmeyi unutur: "Efendisinin kim olduğunu sordum. Tanrı'dır dedi. O zaman ben, burada tanıklık eden Jean, Bakire'ye sadakat göstergesi olarak elimi uzatıp, Tanrı'nın yardımıyla kendisini krala götüreceğimi vadettim."

Silah arkadaşları, küstah ve sert derebeylerine gelince, hiçbiri, bir kadının ve bir soysuzun arkadaşlığını, kimi zaman da komutanlığını niçin kabul ettiklerini inandırıcı bir şekilde açıklayamazlar. Ancak hepsi, Jeanne'ın başarılarında Tanrı'nın yüksek payı olduğunda ısrarcıdır. Orléans Piçi Dunois şöyle der: "Jeanne'ın Tanrı tarafından gönderildiğine ve savaştaki eylemlerinin insan aklından çok tanrısal bir esinden kaynaklandığına inanıyorum. İşte bu inancımın nedenleri..." Ve tanık olduğu mucizeleri sıralar. Örneğin Orléans'ta: "Jeanne bana şöyle dedi: 'Orléans Piçi misiniz?' Şöyle cevap verdim: 'Evet, Orléans Piçiyim ve gelişinize sevindim.' O zaman Jeanne dedi ki: 'Talbot ve İngilizlerin bulunduğu yere gitmememi, buraya, nehrin şu yanına gelmemi siz mi öğütlediniz?' Bu öğüdü verenin bizzat ben ve en ağırbaşlılardan sayılan başka kişiler olduğunu, en iyisini, en güvenlisini yaptığımızı düşünerek hareket ettiğimizi söyledim. O zaman Jeanne bana şöyle dedi: 'Eh, Efendimiz Tanrı'nın öğüdü sizinkinden daha ağırbaşlı ve güvenilirdir... Size hiçbir askerin, hiçbir sitenin getiremeyeceği kadar büyük bir yardım getiriyorum: Gökler Kralı'nın yardımını...' Hemen ve sanki o anda, ters esen ve Orléans sitesine erzak taşıyan gemilerin ilerlemesini engelleyen rüzgâr döndü, bizim yönümüze doğru esti. Hemen yelkenler gerdirildi, salları ve gemileri harekete geçirdim... ve İngilizlere rağmen, Saint-Loup Kilisesi'nin ötesine geçtik."

Beaucaire başkomutanı Jean d'Aulon, Saint-Pierre-le-Moutier'nin alınışını aynı hayranlıkla anlattıktan sonra şu sonuca varır: "Bakire'nin eylemleri bana her şeyden çok Tanrı'nın işi ve mucizesi gibi görünüyordu ve bu denli genç bir bakirenin böyle işler başarabilmesi, Efendimiz'in iradesi ve yol göstermesi olmasa imkânsızdı."

Ancak kralın taç giyme töreninden sonra mucizeler kesilir. Jeanne'ın kutsal görevi bitmiştir, daha öteye gitmemelidir. Hatta Dunois, Jeanne'ın kendisine şunları söylediğini iddia eder: "Ah, Yaradan'ım Tanrı uygun görse de şimdi silahları bırakabilsem, anneme babama hizmet etmeye koşsam, kız kardeşim ve erkek kardeşlerimle birlikte sürülerine çobanlık etsem. Kardeşlerim beni görünce kimbilir ne sevinirler." Karşı-soruşturmanın güdük tanıklıklarına bariz bir sahte tanıklık eklenmektedir: Jeanne'ın kız kardeşi çoktan ölmüştür; Pierre ve Jacques d'Arc'a gelince, Jeanne'ın birliğinde hizmet ediyorlardı. Zaten, Jeanne'ın mektupları da Dunois'nın ifadesini yalanlar. Jeanne bu mektuplarda, açık seçik, görevinin İngilizleri Fransa'dan kovmak olduğunu açıklıyordu. Ama bu yeni tez, kralı, sarayı ve Kilise'yi Bakire'nin başına gelen felaketlerin sorumluluğundan kurtarır, çünkü Jeanne görevini bu üç gücün ortak çıkarlarının saptadığı tarihin ötesinde sürdürmüştür.

Soruşturma, masum çocukluktan Reims'teki Orléans'lılara ve at koşturma mucizesine varana dek ihanet ve başarısızlıklar üzerinden kayarak, Rouen'daki Vieux Marché meydanındaki büyük çilenin altını çizer.

Rahip Isambart de la Pierre Jeanne'ın sonunu kahredici terimlerle anlatır:

"İnfazdan sonra cellat kendini tutamayıp bana ve arkadaşım Rahip Martin Ladvenu'ye doğru geldi. Fevkalade bir pişmanlık ve korkunç bir vicdan azabıyla sarsılıyordu; umutsuzluğa düşmüş, bu aziz kadına yaptıklarından ötürü Tanrı'nın affına ve hoşgörüsüne asla sığınamayacağını düşünüp korkuyordu. Cellat iddia ediyordu ki, Jeanne'ın bağırsaklarıyla kalbine, yağ, kükürt ve kömür sürmüş olmasına rağmen, bağırsakları ve kalbi ne yakabilmiş ne kül edebilmişti; bu çok aşikâr mucize karşısında hayretler içindeydi."

Karşı-davayla popülerleştirilen yeni imgenin hüneri, Jeanne'ın serüvenini –her tür beşeri açıklama yadsınarak– Reims'te kralın taç giymesine, sonra kendi yakılışına varıncaya dek, insanların ve kralın sorumluluklarından yalıtılmış bir mucizeye dönüştürebilmesidir. Bu tez, halkın duygularını incitmediği, aksine ondan destek aldığı ölçüde kendini kabul ettirecektir. Mucizevi olan, bu tezin bir yeraltı yaşamı sürdürerek, dört buçuk yüzyıl sonra Quicherat gibi usçu tarihçiler sayesinde yeniden meyve vermesidir. Bu tarihçiler, onlarca yıllık bir çaba sonunda Fransız din adamlarını Jeanne'ı kutsal kişi ilan ettirmek, 1920'de de ermişlerin arasına kattırmak için Papaları iknaya iteceklerdir. Fransa'da bundan böyle aşırı sağdan aşırı sola tüm taraflar, Tanrı'dan esinlenmiş ve geleceği öngörmüş köylü kız tezini kabul ederler.

DREYFUS

BİR DAVAYLA satranç oyunu arasındaki fark, ortada dönen paradan da öte, yöntem seçiminin burada keyfi olmayışıdır.

Sovyet tarihçileri Napolyon'un Moskova yakınındaki Petrovskoe şatosunda geçirdiği uzun uykusuz geceye (gerçek ya da hayali) değinirler. Büyük Napolyon Ordusu'nun bozgununa karşı tek çözüm Rusya'daki toprak kölelerinin genel ayaklanması olabilirdi. Hakkında Büyük Katerina'nın oğlu olduğu ve mujikleri (Rus köylüleri) kurtarmaya geldiği söylentileri yayılan İmparator, Pugaçev ve Mazeppa ayaklanmaları üzerinde uzunca düşünmüştü. Gene de, tan ağarırken, köleliği lav edecek kararnameyi imzalamaktan vazgeçti. Burjuvazinin sözcüsüyken bir köylü ayaklanmasının şefi olamazdı. Askeri bozgunu yeğledi. Sanığın seçimi de siyasi niteliktedir. Bu seçim, görünüşe rağmen, ne rastlantıya bağlıdır ne de kazara yapılır. Partilerde sanık militanların duruşlarına ne denli önem verilse azdır, zira bir savunmanın nüansında ertesi günkü ihanet biçimlenecektir: Lenin'in eleştirdiği sanık Rosenfeld'in[1] tereddütleri Kamenev'in sıkıntılarının habercisidir. Sanığın seçimi özgür ve zorunludur. Tüm yaşamının meyvesidir.

1. 1914'te tevkif edilen Bolşevik militan Léon Rosenfeld, namı diğer Kamenev, davası sırasında, Merkez Komitesi bildirisinde ifade edilen karamsarlıktan koptu. 1917'de "Nisan Tezleri"ne karşı çıkarak Troçki'ye karşı Stalin'le ittifak kuracak, 1925'te de Stalin'le bozuşacaktı. 1936'daki ilk Moskova davasından sonra ölüm cezasına çarptırıldı ve öldürüldü.

Muhtelif olaylardan ötürü uzun bir sürece yayılan Dreyfus davası sanığa defalarca kopuş ile uyum arasında seçim yapma olanağını sundu. Kopuş, sanığa davayı "kazanma" olanağı veriyordu. Bununla birlikte Dreyfus, özgürce ve mantığıyla, uyumu seçti.

Dramın çıkış noktası, biliyoruz, banaldi. Fransız istihbarat servisleri Almanya elçiliğinde elyazması bir belge ele geçirmişlerdi; bir "bordro". Belge, üzerindeki gizli bilgiler nedeniyle, besbelli Fransız kurmay servislerinde çalışan bir subay tarafından sağlanmıştı. Kuşkular süratle kurmaydaki tek Yahudi subay Yüzbaşı Dreyfus üzerinde toplandı.

Çelişkili grafoloji raporları inandırıcı değildi, aramalar hiçbir sonuç vermemişti. Çağrıldığı savaş konseyinde suçunu inkâr eden Dreyfus, avukatı Demange'ın harcadığı muazzam çabaya rağmen ömür boyu sürgüne mahkûm edildi. Şeytan adasındaki Cayenne zindanına yollandı

Yargıçları ikna eden iki delil vardı: istihbarat görevlisi Binbaşı Henry'nin tanıklığı ve Savaş Bakanı General Mercier'nin mahkemeye teslim ettiği gizli dosya. Savunma ise sadece delil yokluğunu öne sürmüştü.

Dreyfus'ün suçsuzluğundan asla kuşku duymayan kardeşiyle dostları, erkânın yerine gerçeği bulmaya soyundular. Dört yıl boyunca peş peşe gelen mutlu tesadüflerden, sürpriz itiraflardan, umulmadık doğrulamalardan, hatta bir falcıya başvurduktan sonra gerçek suçlunun bir başka subay, Kont Esterhazy olduğu kanısına vardılar.

Adı ortaya atılınca, Esterhazy mahkeme karşısına çıkmayı bizzat talep etti. Üç dakikalık bir duruşmadan sonra aklandı. Dreyfus' ün savunması, bir uyum savunmasının yerine bir başka uyum savunması koyarak, ikinci kez yenilgiye uğruyordu.

Zola işte o zaman meseleye el koydu: Davanın verileri ötesindeki temel sorunu, antisemitizmi gören ilk o değildi. Dreyfus, kanıt yokluğunda, sadece Yahudi olduğu için mahkûm edilmişti. Zola'nın övüncü, yüreklilik gösterip nihayet saf hukuk alanını terk etmek, savunmadan vazgeçip saldırıya geçmek, mahkeme salonundan çıkıp sokağa inmek oldu.

Cumhurbaşkanına yazdığı ve Georges Clemenceau'nun *l'Aurore*'da, "Suçluyorum" başlığıyla yayımladığı mektupta Zola Dreyfus'ü suçlayanları adlarıyla ifşa etti:

"Teğmen-Albay du Paty de Clam'ı, hukuki hatanın şeytani yaratıcısı olmakla suçluyorum.

"General Mercier'yi, yüzyılın en büyük haksızlıklarından birine suç ortaklığı etmiş olmakla suçluyorum.

"General Billot'yu, Dreyfus'ün suçsuzluğunu ortaya koyan kesin delilleri ele geçirip onları örtbas etmekle, insanlığa karşı, adalete karşı işlenmiş bu suçun ortağı olmakla suçluyorum.

"General Boisdeffe'i ve General Gonse'u, birini kuşkusuz kilise tutkusundan, diğerini belki savaş bürolarını tapınağa dönüştüren o dayanışma anlayışından ötürü aynı suça ortaklık etmekle suçluyorum...

"General de Pellieux'yü ve Binbaşı Ravary'yi, alçakça bir soruşturma hazırlamış olmakla suçluyorum...

"Savaş dairesini, basında iğrenç bir kampanya yürütmüş olmakla suçluyorum...

"Suçladığım kişilere gelince, onları tanımıyorum, onları hiç görmedim. Kendilerine karşı ne hınç ne kin besliyorum. Onlar benim için sadece birer simge, toplumsal kötülüğün ruhları. Ve burada gerçekleştirdiğim eylem, sadece gerçeğin ortaya çıkmasını, adaletin tecelli etmesini hızlandırmayı amaçlayan ihtilalci bir yoldur.

"Hadi beni mahkemeye vermeye cesaret etsinler.

"Bekliyorum."

Gerçek savaş başlıyordu.

İddianame ilk kez geriledi. Bunca hakaretamiz sözlerle isimleri verilerek suçlanan yüksek rütbeli subaylar tepki vermediler. Zola'ya karşı önemsiz bir hususta, "savaş konseyi Esterhazy'yi emir üzerine beraat ettirdi" dediği için iftira suçundan dava açıldı.

Dava, 7 Şubat 1898'de, Seine ağır ceza mahkemesinde başladı. "Yararcı" çalışmaya alışmış küçük Dreyfus klanı yıldırım çarpmışa dönmüştü ama Zola'nın savaşa giderken hedefi çok netti: davayı yeniden açtırmak. "Beni savunmanızı size yasaklıyorum" dedi, avukatı Labori'ye. Savcı, niyetini okumuştu. Duruşmanın başında, Dreyfus'le ilgili "kesinleşmiş" mahkûmiyet kararını yeniden gündeme getirmenin skandal olduğunu duyurdu.

Zola ölçüsüzlüğe meyilliydi. Ölçüsüzlük olmadan hiçbir büyük kopuş savunması mümkün değildir. Mahkemeden iki yüz tanık getirtmesini talep etti: generaller, yargıçlar, bilirkişiler, bakanlar ve yabancı askeri ataşeler.

Askeri otorite, celbe yanıt vermemeleri için subaylara kesin talimat verdi. Ama sivil iktidar bu genel firarın itiraf anlamına geleceğini fark etti. Mahkeme, Mercier'nin, du Paty de Clam'ın ve Boisdeffe'in dinlenmesini emretti. Davanın yeniden görülmesinden yana olan basın, yüksek rütbeli askerlerin dinlenmesi için saptanan günde, duruşmada mahkeme başkanının okunmasını reddettiği, kurmayın başkan yardımcısı General Gonse ile ordunun 2. Büro Şefi Albay Picquart arasındaki gizli mektuplaşmayı yayımladı. Savunma böylece, mahkemede engellenen müzakereyi sokağa taşımış oldu. Bunu yaparak mütalaayı aşmayı başardı.

Önce General Boisdeffe, Labori tarafından, Picquart'ın Güney Tunus'a tayininin nedenleri üzerine sorguya çekildi.

"Albay Picquart, bölümüyle gerektiği gibi ilgilenmesine mâni teşkil eden bir ruh hali içindeydi. Kafası tek düşünceyle meşguldü," der General Boisdeffe.

Labori: "Albay Picquart'ın kafasından çıkmayan düşünce neydi acaba?"

Başkan: "Soruya cevap verebilir misiniz?"

Boisdeffe (*asabi*): "Hayır, sanmam, çünkü ben bu olayla ilgili hiçbir şeye cevap vermemeliyim."

11 Şubat günü Albay Picquart, Henry ile yüzleştirildi. Henry heyecanlandı, gizli dosyanın varlığını doğruladı. Labori ve Clemenceau kahkahayı patlattılar.

16 Şubat'ta kurmay, savunmanın karşı-saldırısını durdurması için General de Pellieux'yü mahkemeye gönderdi. Picquart'la yüz-

leştirilince o da yenik düştü. Henry'nin gizli dosyayla ilgili itiraflarını doğruladı.

18 Şubat'ta General Boisdeffe yargı kurulunun karşısına çıkıp ordunun jüriye çektiği ültimatomu iletti. Eğer Zola mahkûm edilmezse, kurmay istifa edecekti: "Sizler jürisiniz, sizler ulussunuz. Eğer ulus ordunun şeflerine, ulusal savunmadan sorumlu olanlara güven duymazsa, şefler bu ağır görevi başkalarına devretmeye hazırdırlar. Sizin söz almanız yeter."

Jürideki esnaf ve rantiyeler dize geldiler. Yetmiş iki saat sonra Zola azami cezaya, bir yıllık hapis ve üç bin franklık para cezasına çarptırılıyordu. İşin aslında jüri kaybetmiş ve Zola, Dreyfus davasını yeniden açtırma hedefine ulaştığına göre, kazanmıştı. Kamuoyu uyarılmıştı. Liberal ve laik burjuvazinin öncülüğünü yapan entelektüeller örgütleniyor, Üniversite'yi, Enstitü'yü, Collège de France'ı ve André Gide'den Anatole France'a, Charles Péguy'den Marcel Proust'a, Octave Mirbeau'dan Jules Renard'a, birbirinden çok farklı yazarları bir araya getiriyordu. İnsan Hakları Birliği kurulmuştu. Louise Michel'in sürüklediği anarşistler ve Jean Jaurès'in sürüklediği sosyalistler liberallere katılıyordu. Cumhuriyetçi burjuvalar cephesi, gerici ve dinci tehlike altında yapılan seçimlerde çoğunluğu elde ediyordu. Bu cephe, 1940'a dek, cumhuriyeti neredeyse kesintisiz yönetecektir.

Zola'nın mektubu davayla ilgili yeni gelişmelere yol açıyordu. Bir subay, Dreyfus karşıtı olmasına rağmen, Henry'nin Esterhazy'yi korumak için sahte belge hazırladığını kanıtlıyordu. Henry tutuklandıktan sonra hücresinde "intihar ederek ölmüş" bulundu. Esterhazy Londra'ya kaçtı. Yargıtay, Bayan Dreyfus'ün davanın yeniden görülmesi için yaptığı başvuru üzerine, ilk savaş konseyinin yargısını bozup Dreyfus'ü Rennes'deki savaş konseyi önüne yolladı.

Rennes davasının açılışında, Guyane'dan getirilen Dreyfus de hazır bulundu. Barrès onu "iki cephenin çekiştirdiği canlı et yumağı" diye tanımlıyordu. Kendine avukat olarak Demange ve Labori'yi seçmişti. Ama Demange'ın savunduğu ilk davalardaki yöntemle Zola davasında Labori'yi coşturan yöntem arasında seçim yapması gerekiyordu. Dreyfus, ülküleri ve önyargıları –antisemitizm hariç– yargıçlarınkilerle bir olduğu için, kökenine rağmen suçsuzluğunu kabul ettireceğini umuyordu. Demange da onun gibi düşünüyordu: "Burada bizim işimiz, Kurmayın davasını yapmak değil, Yüzbaşı Dreyfus'le ilgilenmektir. Onun kaderini ellerinde tutan yargıçlar da asker. Onları, generallerle Dreyfus arasında seçim yapmak zorunda bırakmamalı; Dreyfus'ü beraat ettirmeyi, şeflerini mahkûm etmek gibi görmemeleri gerekir."

Buna karşılık Clemenceau, "azimli saldırı"dan yanaydı: "Hedefimiz kamuoyu karşısında galip gelmek, budur tek önemli olan. Yeterince net bir zafer kazanırsak, yargıçlar bizi takip edecektir ve bu yargıçlar takip etmezlerse –ki bana imkânsız görünüyor– başkaları eder... Mahkemede suçluların üzerine gidin, onlara sorular yöneltin, onları zorlayın, sıvışmalarına izin vermeyin, zafer şuracıkta." Ancak Dreyfus, Clemenceau'nun öğütlediği gibi "şiddetli, aşağılayıcı, korkunç" olacağına "saygın" olmayı seçti. Dreyfusçü Cornely, Dreyfus adına gürlememesi için Labori'yi uyardı: "Savaş konseyinin sabit saplantısı, ithamcı generalleri kurtarmak. Dolayısıyla, müvekkillerini yararlı bir şekilde savunmak isteyen avukatların görevi generalleri idare edip savunmalarında 'Yaşasın Ordu!' çeşitlemelerine yer vermek olmalı." Labori bu koşullarda savunmasını okumaktan vazgeçti. Demange gayet güzel bir uyum savunması yaptı. Siyasi tartışmadan vazgeçerek, kuşkuya yüklendi: "Güvenle girdiğim bu müzakere ortaya kuşkular, olasılıklar çıkaracaktır; hatta isterseniz, karineler çıkaracak, ama sizin gibi yargıçlara bir mahkûmiyet vermek için vicdanlarınızın mutlaka şart koştuğu kanıtı getiremeyecektir." Bu, Marie Besnard'ın savunması bile değil, Baro Başkanı Jaccoud'nun* savunmasıydı.

Dreyfus, iki oya karşı beş oyla suçlu bulundu ve on yıllık hapse mahkûm edildi. Pazarlık sonucu, Yargıtay'a başvurmaktan vaz-

* 1956'da metresinin âşığını öldürmüş olmakla suçlanmış baro başkanı. –*ç.n.*

geçmesi karşılığında Cumhurbaşkanı tarafından affedildi ve bu bedelle özgürlüğünü satın almış oldu. Suskunluğunu ödüllendirmek için Yargıtay yedi yıl sonra Rennes mahkemesinin kararını iptal etti. Dreyfus, süvari birliği şefi olarak yeniden ordunun kadrosuna girdi. Kendisine Légion d'honneur şövalyelik unvanı verildi. "Olay" bitmişti.

Dreyfus olayı, kralın davasından sonra Fransa'da bir ulusal buhranın en önemli hukuki ifadesi oldu. Yüzyıllık bir mesafeden ışıklarını geri yolladı ona. Bu olayda entelektüel taraf, klasik adli baskıya siyasi-hukuki savaşın silahlarıyla karşılık vererek, kesin bir siyasi zafer kazanmıştır. Zola'nın girişimiyle, mücadele tecrit olduğu elverişsiz savaş konseyleri alanından ordunun tecrit edilebildiği ağır ceza mahkemesi alanına aktarılabilmiştir. Yüksek yargıçların usul engellemelerine karşılık basının yeni gücü kullanılmış, iktidar yanlısı cephe kırılmış, asker tanıklardan Dreyfus'e karşı baştan aşağı sahte bir gizli dosya kullandıkları itirafı sökülebilmiştir.

Bu zafer, Napolyon'un ceza yasası ve Villers-Cotterets kararnamesinin öngördüğü kurallarla elde edilmediği için, uyum savunması üstatlarını şoke etti. Zola'nın savunması yargılanan şeyin mutlak otoritesi, müzakerelerin salt davayla ilgili gerçeklerle sınırlı kalması gibi kutsal ilkeleri yok saymıştı.

Bununla birlikte, Rennes davasının çok klasik yenilgisi, iki savunmanın çekişmesini kesin çözüme bağlamaya yetmedi. Zira, söz konusu olan bir ekol sorunu değildi. Hukuki müzakere hedeflerinin ta kendisiydi: Yöntemler amaçtan farklı olamaz. Dimitrov ve Dreyfus, kendilerini aynı şekilde savunamazlar.

FIDEL CASTRO

KÜBA'DAKİ Spor Sarayı mitingi de aynı düşünceye davet ediyor: Sekiz yıl önce, 26 Temmuz 1953'te, genç bir avukat olan Fidel Castro'nun kumandasında kötü silahlanmış yüz altmış beş adam Santiago'da, Moncada kışlasına saldırmışlardı. Amaçları kenti, silahları, radyoyu ele geçirmek, Oriente vilayetini kurtarmak, ayaklanmayı tüm adaya yaymaktı. Saldırı başarısızlığa uğradı ve bastırılışı şiddetli oldu. Saldırıyı gerçekleştirenlerden yetmişi tüyler ürpertici koşullarda öldüler. Askeri açıdan tam bir başarısızlık söz konusuydu. İki ay sonra, 1 Ekim 1953'te, Fidel Castro Santiago mahkemesinin karşısına çıkıyordu. Batista'nın mahkemesi, ona ne hoparlörler ne televizyon sundu. Aksine, gizli oturum emretmişti. Ama Fidel Castro, acının ve amansız başarısızlığın onu her şeyden, hatta kendinden kuşku duymaya itebileceği bir durumda, iyimserlikle dolup taşan bir söylev-programla kendini savundu. Altı yıl sonraki zafer olmasa, bu savunma bir delinin zırvaları gibi gelebilir.

Fidel Castro, serüvenin başarı şansı üzerine küçümseyici gözlemlerde bulunan savcıyı, planını ayrıntılarıyla anlatarak yanıtladı. Yenilgisinin hukuki evresinde, halkın kendisiyle birlikte olduğundan kuşku duymuyordu; halkın, ya da kendi deyişiyle "işsiz altı yüz bin Kübalının, beş yüz bin tarım işçisinin, dört yüz bin sanayi işçisinin, yüz bin küçük çiftçinin, otuz bin öğretmenin ve öğretim üyesinin, yirmi bin küçük esnafın, on bin genç aydının".

Zincire vurulmuş yenik şef, Küba emekçi halkına sesleniyordu: "Azap yolları ihanetler ve sahte vaatlerle döşenmiş bu halka 'vereceğiz' diye vadetmiyoruz, şöyle diyoruz: 'İşte yön bu, şimdi özgürlük ve mutluluk senin olsun diye vargücünle mücadele et.'" Fidel Castro, yargıçların karşısında tasarlanmış ayaklanmanın görkemli planını açıklamakla kalmaz, yüksek sesle hayal kurar: Kışlayı ele geçirdikten sonra müjdelemeyi düşünmüş olduğu beş ihtilalci yasayı sayar. İlki tam da adaletle ilgiliydi, diğerleri tarım reformu, işçilerin sanayi kârlarına katılımı, yolsuzlukla edinilmiş mallara el konulması, bataklıkların kurutulması, ağaçlandırma, tarımın makineleştirilmesi, konut, eğitim, elektriklendirme ve atom enerjisinin kullanımıyla ilgili!

Peki, niçin paralı askerler Fidel Castro'yla halkın önünde tartışmayı kabul etmediler? Bu onların biricik şansıydı. Yenilgiden dem vurulacak. Oysa Fidel Castro da silahlarla mağlup edilmişti ve bu, Batista'nın yargıçlarıyla siyasi hesaplaşma talep etmesine engel olmuyordu. Misilleme tehlikesinden dem vurulacak, ama bu tehlike Fidel rejimindeki tutuklulardan çok, Batista rejiminde Fidel Castro ve arkadaşları için geçerliydi. Cesaret mi? Fidel Castro kuşkusuz cesaretten yoksun değildi, ama tüm paralı askerlerin cesaretsiz olduğunu söylemek de haksızlık olur. İnançların içtenliği mi? Kimi istilacıların içtenliğinden, Batı'nın serbest teşebbüs ve parlamento rejimi değerlerine besledikleri inançtan kuşku duymak için hiçbir neden yok. Halkla bağlantı eksikliği mi? Tayyareci Powers Amerikan kamuoyunun kendisine büyük sempati duyduğunu muhakkak ki biliyordu, gene de Moskova'daki davranışı sıradan ve pişman olmuş bir casusun davranışı oldu. Buna karşılık casus Sorge, savaşın tam ortasında, Tokyo'nun yalnızlığında, Stalin tarafından terk edilmişken –başka türlü olabilir miydi?– bir asker duruşu sergiledi.

Bütün kısmi açıklamaların ötesinde, sanığın seçiminde, koşullar veya tehlikeler ne olursa olsun, temel bir öznel öğe rol oynar: Bu öğe, sanığın kendini adadığı davaya duyduğu güvendir. Ölümden güçlü bir kardeşlik duygusudur. İşkenceden geçmiş ve ihanete uğramış Fuçik,* "darağacından" yazarken, bu duygudan söz eder: "Hücrelerin elleri var, işkence gördüğün sorgulamalardan döndüğünde, seni nasıl tuttuklarını duyuyorsun. Hücrelerin gözleri var, ölüme gittiğinde sana bakıyorlar."[1] Moncada mağlubiyetinden

* Naziler tarafından tutuklanıp ölüme mahkûm edilen Çek yazar. *–ç.n.*

1. Julius Fuçik, *Darağacından Notlar*, çev. Şemsa Yeğin, İstanbul: Payel, 1997.

sonra Fidel Castro'nun güveni kıpırdamamış, Domuzlar Körfezi mağlubiyetinden sonra Pepe San Roman'ınki derinden sarsılmıştı. "Amerika Birleşik Devletleri'nden nefret ediyorum," diyecektir daha sonra: "İhanete uğradığımızı düşünüyordum. Çıldıracak gibi oluyor, bir tüfek alıp Amerikalılara karşı çarpışmak istiyordum." I. Charles'ın Avam Kamarası'nın başkanıyla alay etmesinin nedeni ("Kralı meclisine götürmek dediğiniz bu mudur?") hâlâ kral kalmasıydı; oysa XVI. Louis en derin inançlarını bastırarak sivil anayasaya imza attığı günden itibaren tacını manen kaybetmişti.

Bir dava kaderin kurduğu tuzak değildir. Tüm gelişimi sanığın seçimine bağlıdır. Başka hiçbir yerde insanın eline, bir araya gelmiş bunca gücü yenmek için bu kadar şans verilmez. Orada, sadece silahlarını atan silahsızdır. Dendi ki, iktidarsız ihtiras suçtur;[2] cesaretsiz felaket de öyledir.

FLN DAVALARI

ZAMAN olgunlaşmadığı için zaferi tatmadan ölen ihtilalcilerin – Spartaküs, Thomas Munzer, Babeuf ya da Komüncüler– geleneği Lenin'le son buldu.

Zaferin gecikmesi çatışan toplumsal çelişkilerin yokluğuna değil, çözüm saatinin çalmadığına delaletti. Eski kopuş davalarındaki sanıkların tutumlarında da hissederiz bunu. Sokrates ya da İsa, savcılara düşünce ya da imanlarının uzlaşmazlığıyla karşı koydular; bununla birlikte ne uygulanacak yasaya ne yargıçlara itiraz ettiler. Dahası, kararı kabul ettiler.

Sokrates kaçmayı reddetti; İsa, egemenliğini ilan etse de Çarmıh'ını taşıdı. Üstelik, onları yargılayan mahkemenin karşısında başka hangi mahkemeden dem vurabilirlerdi? Ancak, 1917'den günümüze, özellikle İkinci Dünya Savaşı'nın sonu ve Çin İhtilali'nin zaferinden itibaren, kopuş davalarındaki derinleşme süratlen-

2. De Gaulle tarafından alıntılanan Chateaubriand.

miştir. Her biri dayanağını insanlardan, ülkelerden, örgütlerden alan iki uzlaşmaz anlayış dünya ölçeğinde birbiriyle çatışır.

Sanık zincire vurulmuş da olsa, bir başka düzeni, bir başka dünyayı temsil eder. "Bütün bir dünya görüşü bizi ayırıyor. Aramızda uçurum var," diyordu Hamburg'un komünist yöneticisi Edgar André, nazi yargıçlarına.

Hukuk savaşındaki bu bozgunculuk aniden ortaya çıkmış değildir. Dimitrov, davası görülürken fikrini ortaya koymakla yetinmeyip düşmana siyaseten de meydan okur. Ancak, Almanya'da bir Bulgar olarak, halkın oylarıyla başa gelmiş bir Alman hükümetinin (nazi de olsa) mahkemesinin yetkisine itiraz edecek kadar ileri gitmez.

FLN'nin davalarını beklemek gerekir; Cezayirli sanıkların Fransa'da Fransız mahkemelerini yetkisiz ilan edip yargıçları bir başka meşruiyet adına itham etmelerine tanık olmak için. Kopuş davası, orada uç noktasına erişir.

FLN davaları, tepeden tırnağa kopuştu –yargıçların yetkisini inkârdı– ve muazzam bir devingenlikti. Hukuki savaş meydanlarındaki ani sıçramalar ile dünyadaki sonsuz sempati birikimine seslenişi birleştiriyor, tüm davaların, tüm sanıkların geniş kolektif mücadelesini tek bir uzatmalı savaşa dönüştürüyor, adaletin çözülüşü skandalına damga vuruyor, bağrış çağrış arasında nitel olarak ihtilalci savaşa geçiyordu.

Kendisinden önceki Cezayir ulusalcı hareketlerinin –Cezayir Manifestosu *Demokratik* Birliği ve *Demokratik* Özgürlüklerin Zaferi İçin Hareket– mirasçısı FLN, savunma sistemlerini de miras almıştı. Bu savunma sistemi, tıpkı Madagaskar'daki *Demokratik* Madagaskarı Canlandırma Hareketi ya da Fransız hâkimiyeti altındaki Kara Afrika'da Afrika *Demokratik* Birliği'nin sistemleri gibi, olağanüstü hal rejimlerinin (Cezayir'de Régnier kararnamesi) kınanması ve "demokratik özgürlükler" talebiyle sınırlıydı.

FLN militanları, sömürge çerçevesinde böyle bir talepte bulunmanın beyhudeliğini idrak ettiklerinde –ve ayaklanma bu bilinçlenmenin ilk şeklidir– hukuk alanında da bir değişimin meydana gelmesi gerekiyordu. Kısa sürede, sömürge yasasına yapılan her göndermenin tek hedefi sadece bu yasanın aldatıcılığını ortaya koymak oldu. Savunma bu temele dayanarak, müzakerelerde Fransız hükümetinin hem hâkimiyetini hem baskısını haklı göstermeye yarayan "hukuki canavarların balonunu söndürmeye" çalıştı.

Fransız tezleri gerçekten de hukuki planda temel çelişkileri nedeniyle çürüktü:

- Ya Cezayirli tutuklular adi suç işlemiş kimselerdi; bu durumda onlara adi suçlulara tanınan tüm garantilerin temin edilmesi gerekiyordu; ama bu imkânsızdı ve ancak baskı tümüyle felce uğratılırsa mümkün olabilirdi (paraşütçü subaylarla kimi sivil görevliler arasındaki muazzam gerilimlerin kaynağı bu oldu);
- Ya da Fransız hükümeti Cezayirlilere olağanüstü hal yasası uygulayacaktı, ama böylece yurttaşlara karşı girişilmiş basit bir polis operasyonu tezini yalanlamış oluyordu; avukatların biçare yargıçlara bu konuyla ilgili "ender küstahlıkta" sorular sorması kolaylaşıyordu.

Demokratik özgürlükler talebi artık kimselerin inanmadığı basit bir polemik konusuna dönüştüğünde, temel pozitif tema su yüzüne çıktı: bağımsız Cezayir ulusu iddiası. Hukuki tartışmanın hedefi ihtilalinkini andırır. Dava açıkça bir kopuş davası haline gelir. Sömürgeciliğe karşı mücadele vermiş önceki davaların (Cezayir' de, diğer Afrika ülkelerinde, Madagaskar'da) varmamış olduğu yeni bir evre söz konusudur.[1] Bağımsız Cezayir ulusu iddiası, gerçekten de artık Fransız iç yasası çerçevesi içinde değil, uluslararası kamu hukuku çerçevesi içinde ortaya atılır; uluslararası kamuoyuna sık başvurulması bundandır. Yargıçlar başvuruları tehdit ve manevra olarak yorumlayacaklar, davalardaki oldukça şiddetli tının kaynağı da bu olacaktır. Cinayet, patlayıcı maddelerle binaları tahrip etmek, cürüm işlemek amacıyla çete kurmak ve Devlet güven-

1. 1948'de Cezayir'deki M'hamed Yazid'in davası ile 1950 yıllarında Kamerun'da UPC'nin (Kamerun Toplulukları Birliği) davası, bunun istisnalarıdır.

liğine halel getirmekle suçlanan Cezayirli tutuklular, Fransız mahkemeleri önünde muharip statüsü talep ederek, daha baştan, tüm Fransız adaletini yetkisiz ilan ederler.

Cezayir Devleti, mahkeme salonlarında böylece varlığını, otoritesini, meşruluğunu vurguluyordu. Zaten tutuklamanın hacmi, Fransız hükümetinin "egemen bir hükümet ile bir haydut çetesi arasındaki iç çatışma" tezini yalanlamaya yetiyordu.

Olgunlaşma ağır ağır, kurtuluş savaşı geliştikçe gerçekleşti. Bu yeni Savunma'nın doğuşuna her şeye rağmen tarih düşmek mümkündür. Doğuş, o dönem FLN'nin en yüksek organı olan Eşgüdüm ve Uygulama Komitesi'nin (CCE) Cezayirli tutuklulara Aralık 1956'da verdiği talimatın meyvesidir. İlk "kolektif"teki Cezayirli avukatların hukuki saldırıyı başlatacak zamanları olmadı; üç ay sonra tevkif edilip hapse atıldılar. Saldırıyı başlatmak ikinci kolektife düştü.

Bu savunmanın çerçevesinde bir diğer tema da değişime uğrayacaktır: işkencenin ifşası. Söz konusu ifşa o güne kadar süregelen bağımsızlaşma davalarında yok değildi, hatta rutinleşmişti de, ama davaların genel yönelimi sonucu sınırlıyordu; savunma bu ifşa ile hem zor ile sökülmüş itirafları geri almanın hem ana ülkedeki demokratik özgürlüklerin sömürge ülkelerinde çiğnenişini sergilemenin yolunu arıyordu.

Bundan böyle işkencenin ifşası savunma çerçevesinin dışına taşacak, sömürgecilik suçunun yeryüzü ölçeğinde ifşası haline gelecektir, ki işkence bu suçun çehrelerinden yalnızca biridir. Savunma, artık beklemediği özür ve tazminatlar için yargıçlara seslenmekten vazgeçip Cezayir halkının ulusal bağımsızlık mücadelesiyle dayanışmaya girmeleri için uluslararası kamuoyuna seslenecektir.

Avukatların rolü, tıbbi tespitlerle, cezai soruşturmanın tüm usulleriyle işkencenin yaygın kullanımını kanıtlamaktı. Zira girilmesi yasak yerlerin ablukasını zorlayıp suskunluğu kırabilecek yegâne güç oydu. 1957'de Cezayir silahlı kuvvetler mahkemesi önünde bir bireysel işkence örneği Cemile (Djamila) Bouhired olayından, 1958'deki işkencenin Fransa'ya uzanışı *Kangren* olayına, sonra 1959'daki *Kayıplar* olayına varıncaya dek, işkenceyi ifşa görevi sürekli gelişme kaydetti. Amaç, bir evreden diğerine geçerek, Cezayir halkının katledilişinin birkaç katilin işi değil, her sömürge savaşının özü, sömürgeciliğin özü olduğunu sergilemekti.

Bu hukuki savaşın planlanması Cezayirli tutukluların sıkı örgütlenmesi sayesinde mümkün oldu. Dağılmış tutukluları toparlayıp, yüzlerce davayı kullanıp, FLN'nin siyasi sloganlarını düşmanın ta bağrında haykırma gücüne sadece bu örgüt sahipti.

FLN'nin büyük başarılarından biri hapishanelerdeki örgütlenmeydi. Kuşkusuz tarihte hiçbir örgütün elde edemediği ölçekte bir başarıdır bu. Fransız yetkililer, gerçekten de, kitlesel bir hukuki baskı uygulayarak yaklaşık yüz bin kişiyi hapishanelere ve ev hapsine mahkûm etmişlerdi. Örgütlemeyi önce CCE üstlendi, o Cezayir'den ayrılınca da Fédération de France –ki baskının daha büyük güçlükleriyle başa çıkabiliyor, metropolde uluslararası ilişkileri daha kolay sağlıyordu– ve birkaç yıl içinde, Fransa'nın tüm hapishaneleriyle Cezayir'in en önemli hapishanelerinde aynı saatte genel açlık grevleri başlatacak duruma geldi. Bu siyasi genel grevler, aynı zamanda, tutukluların daha elverişli mücadele koşulları elde etmesiyle de sonuçlanıyordu: hapishane içindeki sorumlu komitelerinin seçimi, iç disiplinin denetimi, eğitim ve yaşam koşullarının denetimi, vb.

Kolektif bir savunma böyle doğdu. Yirminci yüzyılda sömürgelerdeki ihtilalin koşullarında kopuş savunmasının en uç biçimi olarak beliren bu savunma, şiddetli eleştirilere hedef oldu. Diyaloğa ve "derin açıklamalara" izin vermemekle, "müvekkilin çıkarını" ihmal etmekle suçlandı. "Liberal" eleştirmenler savunmanın uğradığı değişimden sonra bu açıklamaların artık yargıçları ilgilendirmeyeceğini, hatta umulanın tersi sonuca yol açabileceğini görmediler. Sanık Soustelle "Ailemden kimse kalmadı, hepsi bir arama sırasında paraşütçüler tarafından öldürüldü" dediğinde hükümet komiseri şu yanıtı verdi: "Bunun davayla hiçbir ilgisi yok." Bununla birlikte sanık için talep ettiği cezanın ağırlığı, sanığın söylediklerini hesaba kattığını, ancak bunu aleyhine kullandığını kanıtlıyordu. Bir adam "Babamı nasıl öldürdüğünüzü hiçbir zaman unutmayacağım," dediği andan itibaren, yargıçlar, haklı olarak, onun artık iflah olamayacağı sonucuna varıyorlardı. Kopuş davalarında kamu hukuku koşulları tersyüz olur demiştik: Ahlaki zorunluluk durumu ağırlaştırıcı nedene yol açar, yüklü bir adli sicil ise siyasi iyi hal belgesi değerindedir.

1958'de Marseille yakınındaki Mourepiane petrol deposunun sabotajcıları davasında beraat eden tek sanık ünlü bir kaçakçıydı: Yargıçların nazarında, bir yurtsever olamazdı.

Gerçekte ne olup bittiğiyle de ilgili değillerdi. İtiraf sadece bahaneydi, onu bir an önce sökmek gerekliliği siyaseten "zorunlu" ölüm cezalarına meşruiyet kazandırmak içindi. Otuz beş Avrupalı ve yedi yüz Cezayirlinin öldüğü El-Halia'daki çifte katliamın ardından sadece öldürülen Avrupalılarla ilgili soruşturma açılmıştı, Cezayirlilerin katilleri söz konusu olunca, sünnetlilik hali tahrik unsuru sayılıyordu. Komşu köylerden toplanan ve çeşitli yöntemlerle beş, on, on beş, otuz gün boyunca sorguya çekilen köylüler, adli tabibin cesetlerle ilgili raporu doğrultusunda itiraflarda bulundular. Ama savcılık makamının şanssızlığı şu ki, adli tabip şaşırıp notlarını karıştırmıştı. İnsanları bu temellere dayanarak ölüme mahkûm etmek güçtü. Bir ihtiyarla oğlunun bahtsızlığı, başarısız bir teşebbüsü itiraf etmeleri oldu. Hiçbir olumsuz kanıt onları temize çıkaramazdı. Ölüm cezasına çarptırıldılar.

Hükümetin ölüm cezaları infazına engel olabilecek tek şey, sanıkların tavize yanaşmadığı bir skandal davanın kamuoyunu sarsmasıydı. Özünde siyasi olan karar, karşı karşıya geleceği kamuoyu direncini hesaba katmak zorundaydı. Fransız hükümeti bir gün cezaları infaz edilmiş ölüm mahkûmlarının tam listesini yayımlamaya karar verirse, hayretle, uyum savunmasının ne denli kıyıcı, kopuş savunmasının canlar konusunda ne denli tutumlu olduğu görülecektir.

FLN sanıklarının davaları yıllarca Fransız basınının ve çoğu kez uluslararası basının ilk sayfalarını işgal etti; sokak gösterilerine ve Parlamento'da tartışmalara yol açtı. Onca patırtılı dava sayesinde ihtilal düşünceleri etten kemikten insan çehreleri kazandılar ve o çehreler Afrika, Asya, Latin Amerika halklarının, hatta Batı solunun bugünkü, ölümden ve işkenceden güçlü kahramanları oldular. Mahkemedeki militanlar sade jestler ve alçakgönüllü sözlerle 20. yüzyıl ihtilalinin ülkülerini, bugünkü dünyanın büyük değişimini dile getirdiler. Burası yüzlerini yeniden anımsamanın değil, kolektif deneyimlerinden, hapislerde tutuklu militanlar için her zaman yararlı olacak dersler çıkarmanın yeridir. Yendiler, çünkü:

I. Çoğu, davalarına güvenmeyi bildi – Sovyet Devleti'nin şefi Fransız Sosyalist Partisi Genel Sekreteri'ne Cezayir sorununun bir Fransız meselesi olduğunu söylerken, Arap ülkeleri bile "serüveninin" bitmesini kabul ettirme yolunda FLN'ye oldukça açık bir baskı yaparken, bu güven övgüye değerdi.

II. Bu nedenle, ender istisnalar hariç, Sokrates'in sözüne uygun olarak, "risklerini almayı", zaferin bedelinden ürkmemeyi bildiler. Baskının şiddetine, her cinsten ilerici Fransız müttefiklerinin uzlaştırmacı baskılarına rağmen yollarından sapmadan FLN'nin temel düşüncelerini savundukları gibi, mücadele yöntemlerini de savundular.

III. Bireysel bir savunmayı benimseyip İhtilal'den tecrit edilmeye razı olmadılar.

IV. Savcılık makamıyla diyaloğa girmeyi reddettiler, bu diyalog taktik olarak sunulduğunda bile. Jeanson şebekesi davasında savunma kopuşunun tek gerekçesi buydu: "Cehenneme kadar yolunuz var," demişti içlerinden biri, hükümet komiserine.

V. Carlyle'in "Düzen kölelik ve zulüm anlamına geldiğinde, düzensizlik adaletin ve özgürlüğün başlangıcıdır" sözüne sahip çıkarak, iddianamenin biçimsel mantığı karşısına sömürge köleliğini reddeden halkların daha basit ve daha güçlü mantığını diktiler.

VI. Gerektiği zaman hukuki savaş meydanını değiştirmeyi, kendi alanlarını kabul ettirmeyi bildiler. İkinci El-Halia davası, Fransız kurbanlara uygulanan karşı-otopsinin, hukuk alanından çok, baskı birliklerine karşı yöneltilen soykırım suçlaması alanında yürütüldü.

VII. Gerektiğinde güç dengesini değiştirmek için tartışmayı uluslararası zemine taşımayı bildiler ve bunu dönemin en elverişli ya da en hassas bölgelerinde yoğunlaştırdılar: Arap ülkeleri, sosyalist ülkeler, Birleşmiş Milletler ve uluslararası kuruluşlar. Papa ve Arthur Koestler dahi baskının şu ya da bu şeklini protesto etmek için müdahalede bulundu.

VIII. Tüm çağdaş iletişim silahlarını kullandılar: basın-yayın, radyo-televizyon, sinema. On dile çevrilmiş kitaplar, milyonlarca izleyiciye gösterilen bir film, on binlerce tirajlı bir özel basın Cezayir halkının mücadelesini davalar aracılığıyla dünyanın dört bir yanında tanıtmaya yardım etti.

IX. Hukuki mücadeleyi kurallara göre sürdürenler sadece siyasi değil, şahsi planda da mücadeleyi kazandılar. Cezayir'de, davalarındaki tavizsiz duruşları ardından ölüm cezaları infaz edilmeyen bombacı kadınlar, Fransa'da Özel Örgüt (Organisation Spéciale) sabotajcıları, kopuş davasının çağımızda kişisel açıdan da en etkili savunma olduğunu kanıtladılar.

Sonuç

TARİHİN AHLAKI

ADALET zorunluluğun adlarından biridir. Şiddetin hükümran olduğunu görmek onu doğrulamak anlamına gelmez; onaylanıp onaylanmamak zaten onun umurunda değildir. Şiddetin kimin için kimin tarafından kime karşı uygulandığını öğrenmeye çalışmak, onu onaylamak demek değildir.

Örneğin, düşman bir topluluğun ortasında kalmış, suikastlere maruz, kendisi de pusu kuran bir sefer ordusu, Cenevre anlaşmalarına uygun klasik bir savaş sürdürebilir mi? Zorunlu olarak işkence yapmaya, toplulukları katletmeye, insan haklarını, yani kamu hukuku kurallarını çiğnemeye sürüklenmez mi? Bu gerçeği kabul etmek, bu tür eylemleri onaylamak değil, kötülüğün köküne inmek ve onu ortadan kaldıracak tek çareyi önermektir: halkların zaferi, sefer ordusunun yenilgisi. Tersine, işkenceyi siyasi bağlamına gönderme yapmadan kınamak, cellada katil diye bakanın vicdanına inanıyormuş gibi davranmak, onbaşı ya da teğmeni kınama ısrarına tutunmak bir sömürge savaşının beyaz eldivenlerle, elde Birleşmiş Milletler bildirgesiyle yürütülebileceğine inandırmaya çalışmaktır insanları. Burada namussuzluk, basit ameleler değil, onları bu tip girişimlerin içine atan liberal vicdanlar cephesindedir.

Stalin'in "cinayetleri"ni kınamada da her zaman kasıtlı bir karmaşa mevcuttur. Davaların siyasi ve toplumsal koşullarının tahlili ihmal edilir. Ölümünden sonra diktatörü eleştirenler, kansız cansız bir sosyalist meşruiyet, yani kamu hukuku adına Kulakların yok edilişini ve Moskova davalarındaki politik yanılgıları aynı anda "yargılama" iddiasında bulunurlar.

Bu tip tahlilsiz öfkelerin amacı, Sovyet bürokrasisinin hatalarının yükünü Stalin'in "şahsına" yüklemek, sınıf düşmanları ile haksız yere cezalandırılmış militanları birbiriyle karıştırıp hepsine eşit bir merhamet duymak, ikincilerin anısının hak ettiği doğal saygı ve sevgi adına ötekileri de saygınlığa kavuşturmaktır.

Devletlerin kamu düzenlerine kastedenlere karşı kullandığı kaçınılmaz şiddeti protesto etmek ikiyüzlüce ve beyhudedir. Siyasi mücadelede masum insan yoktur. Düzeni korumak ya da ona saldırmak, hep kurban vermek anlamına gelir. Bakan ya da militan olun, başkasının hayatını tehlikeye atmaya karar verdiğiniz andan itibaren, başkasının da sizin hayatınız üzerinde hak iddia etmesine nasıl gücenirsiniz?

Troçkizmin yozlaşmasını değerlendirmek için Kızıl Ordu'nun fiyakalı komiserinin yazdığı *Terörizm ve Komünizm*'deki iyimser şiddet ile yenik usta ve dağılmış müritlerinin, arkadaşlarının infazları konusunda Batı kamuoyunu uyarmak amacıyla yaptıkları çağrı arasındaki mesafeyi ölçmek yeterlidir. Stalin'e atfedilen "cinayetler"le ilgili gizli Kruşçev raporundaki bayağı öfkeden çok, cezaların nesnel yayını, infaz şekillerinin eksiksiz bilgileri eleştirel düşünceye çok daha büyük katkı sağlarlardı.

Zira kopuş adaletinin ayrı dünyası tümüyle yasaksız, yasasız bir dünya değildir. Aksine, kopuş çatışmalarını nasıl çözdüğüne bakarak bir iktidarın içeriğini, geleceğini, gücünü kavramak mümkündür.

İktidar, görevine inanıyorsa, sağlamaya çalıştığı savaş adaletinin gerçek niteliğini gizlemeyecektir; kuşku ve tereddüt ediyorsa, onu kamu hukuku kategorileri kılığına sokmaya çalışacaktır. Halkın desteğini elde etmişse içi rahat olacak, işkence ve zulme başvurmak için hiçbir nedeni olmayacaktır. Kamu hukukunun cinayet demediğine "cinayet" deme açıkyürekliliğini gösterdikten sonra, "itirafa zorlamaya" ne hacet? Buna karşılık kitlelerden kopmuş bir iktidar, düşmanını kendi oyununa sokmaya, onu vurmadan önce, yapmadığı eylemleri ona itiraf ettirmeye çalışacaktır.

Gizli oturumun karşısına halka açık yargılamaları dikmek gerek; ama açıklığın çeşitli biçimleri arasında da ayrım yapılabilir.

Filan rejim, kamuoyunun desteğini koparmak için kopuş davasına linç üslubu, bir başka rejim kamuyu eğitmek için didaktik üslup verecektir.

Bunlar bir kopuş davasını değerlendirme imkânı sağlayan ölçütlerdir. Tabii, indirgemek istendikleri kamu hukuku kategorileriyle alakaları yoktur. Burada amaç araçları haklı kılmaz, sadece onları açıklar.

Bununla birlikte ceza hukuku, insanların hayatını ciddi şekilde tartışma konusu ettiği için, uzun süre zihinlerde yanlış anlamalara yol açtı. Kimileri onda Tanrısal gücün yansımasını kimileri bir ahlak biliminin tohumlarını aradılar. Oysa ceza hukuku sadece bir sanattır, sanatların en az bilineni, kuşkusuz en trajiği, ama aynı zamanda en güncelidir.

Konusu toplumsal güçlerden önce insanlar olan hukuk sanatı, edebiyat ve kültür kahramanlarını da yaratır: Katilina ve Julien Sorel kültür dünyamıza mal olmuşlardır. Tıpkı Faust ya da la Joconde gibi. Onlar da öz modelleriyle aynı belirsiz ve karmaşık ilişkileri sürdürürler.

Kopuş davalarının çelişkisi şudur ki, birey, silinmek için her şeyi yaparken, girişiminin anlamı için, bunu tamamıyla başaramamalıdır. Sözcülüğünü yaptığı ideoloji, sürüklediği eylem, onun aracılığıyla insani bir çehre, bir emsal değeri edinir ve dava esas hedefi olan birey-toplum ilişkilerinin diyalektiğini dile getirebilir.

Bununla birlikte hukuk sanatı edebiyatla örtüşmez, taraflardan birinin yokluğunun diğerine meydanı boş bıraktığı durumlar hariç. *Verrinae*'de olduğu gibi.

Cicero'nun* hem sanığa hem yargıçlara davanın siyasi çerçevesini anlattığı ilk esas üzerine mütalaası ("İşte, bu davada bir sanığı yargılayacaksınız, ama Roma halkı da sizleri yargılayacak") ardından, tanıklar ve okunan belgeler Verres'i öylesine batırır ki,

* Verres'e karşı Sicilyalıları savunan ünlü Romalı devlet adamı, hatip ve avukat. –*ç.n.*

dostlarının nezdinde dahi bir ayak bağına dönüşmüştür; hastalığını bahane ederek duruşmalara gelmeyi keser. Bereket versin, sınırdışı etmenin kurumlaşmadığı antik dünyada, bir sanıktan kurtulmanın intihardan daha insaflı bir yolu vardı: gönüllü sürgün. Stavisky'den şanslı olan Verres, böylelikle dava sonuçlanmadan Roma'dan ayrılabildi. Mahkeme bunu dikkate aldı ve Verres'i 70 yılının 20 Eylül'ünde, gıyap kararıyla, müdahil tarafın talep ettiği tazminatları (8 milyon altın-frankla eşdeğer 40 milyon sesters) ödemeye mahkûm etti.

Verres'in gidişi dostlarının zihninde tehlikeli bir müzakereye set çekiyordu. Cicero hayal gücünden ve siyasi tutkudan yoksun, salt teknik bir avukat olaydı, görevini bitmiş sayardı. Ama mücadeleyi kamuoyu nezdinde sürdürmek için hukuki kurguyu seçti ve Verres kaçmasaydı savunma olarak okuyacağı beş hayali *Verrinae*'yi yayımladı.

Tarihçiyi "gereksiz cümleler kullanmadan gerçekliğin ta bağrına taşıyan" (Carcopino) bu değerli *Verrinae*'ler, bugün bize Roma dönemindeki sömürge koşulları hakkında son derece çağdaş gelen bir görünüm sunarlar.

Sicilya'da "toprak dahi çiftçisini özlüyor, sahibinin ardından ağlıyor gibiydi". İdare amiri, sonra kent yargıcı, ardından Eyalet yöneticisi olan Verres ise, iktidarı kötüye kullanmak, haraç kesmek, Roma halkına karşı suç işlemekten sorumlu senatörler sınıfının çürümüşlüğü ve tafrasının simgesine dönüşmüştür. Nöbet değişimi zamanı gelmiştir: "Parlak soylularımız Roma halkının ezelden beri hep çalışkan yeni insanları seve seve onurlandırdığına şaşmasınlar. Kişisel yetenek sayesinde halkların efendisi olmuş bir Devlet'te önceliğin kişisel yeteneğe tanınmasından şikâyetçi olunmamalı."

Davanın bitiminde, biliyoruz ki, Aurelia yasası jüri tekelini senatörler sınıfının elinden söküp alıyordu. *Verrinae*'nin edebi değeri hukuki ve siyasi gücüne halel getirmemişti; aksine, onu pekiştirmişti. Ama bu her şeye rağmen bir uç vakadır.

Hukuk sanatı özerk bir sanattır ve ölçüsü savunmanın ya da iddianamenin kalıcılığı değil, davanın tarihte bıraktığı, onlarca ya da yüzlerce yıllık bir mesafeyle merak ve heyecan uyandırmayı sürdüren yankının boyutudur.

Hukuk sanatçısı, tüm diğer sanatçılar gibi, davanın gerçeğini sıçrama tahtası sayar. Öncelikle çürütmek, tartışmak, lehte delil aramak için değil, aksine, ondan bağımsızlaşmak ve insanlara belli bir yaşam biçimi önermek için. Bir adli kahraman, istese de istemese de, az çok bir kopuş kahramanıdır.

Böylece Rosenbergler, kendi davaları sırasında dahi, hukuki kaderin tuzaklarını, polisin sahte belgelerini, kayınbiraderin uydurmalarını umursamayarak davalarıyla Soğuk Savaş'ın en trajik çiftine dönüştüler. Bombanın sırrını iletmiş olsunlar ya da olmasınlar, artık gözümüzde bunun önemi kalmamıştır; bize sundukları, dosyanın ötesindedir, karşımızdaki, sadakatin cesaretidir, yalan söyleyip pes etmektense elektrikli sandalyeye oturmayı yeğleyen bir adamın, ölüm karşısında kaderini eşininkinden ayırmaktansa onun peşinden gitmeyi yeğleyen bir kadının öyküsüdür; muhtemel bir inkâra çanak tutmak üzere yerleştirilmiş telefonun inatçı suskunluğudur. Adi suç sınırlarında bir casusluk davası olarak başlayan Rosenbergler olayı, kamuoyunun protestosu ve Beyaz Saray'ın paniği arttıkça böyle bir gelişme gösterir; ta ki, 20. yüzyılın ortasında siyasi çatışmanın ahlaki terimlerle ortaya çıktığı evrensel yankılarla yüklü bir davaya dönüşene dek.

Başka durumlarda değişim yıllar sonra gerçekleşecektir. Sorge ve dostları örneğinde, özellikle de 1946'da, ölümünden iki yıl sonra yayımlanan mektupları yüz binlerce nüsha halinde dağıtılan Hosumi Ozaki örneğinde olduğu gibi... Hâlâ aramızdaysa, bunu kurbanı ya da oyuncusu olduğu polis entrikasına değil, bize önerdiği ağır, yiğit bir yaşam ve ölme biçimine borçludur. Adalet Bakanı'nın deyimiyle "yeşimtaşı gibi ateşli" ve tek kusuru "fazla hayalperest olmak" olan Ozaki, kızı Yoko'ya mutluluğun ödünsüzlüğünü salık veriyordu: "Senden istediğim, mutsuzluğun sana yaklaşmasına izin vermemen. Acıya hiçbir zaman boyun eğmemek gerek. Hayatta en kötü şey teslim olmaktır."

Oyun, gösteri, teknik? Dava bütün bunlardır, ama oyun bedelsiz olmaz, gösterinin tek kaygısı güzellik değildir, teknik şahsiliği silmez, çünkü insanlar tarafından ve insanlar için söz alır. Bu bir hayat görüşüdür. Bir yaşam sanatıdır.

İşte bu nedenle ceza avukatı –"O cinayet ve ihanet zanaatçısı" diyordu Napolyon– iş avukatından farklı olmalıdır.

Hayalinde cinayetin köklerini bir kez olsun bizzat tatmamış biri, bir katili nasıl anlayabilir? Toplumsal düzenin her yanını beyninde arşınlamamış biri, onu nasıl savunabilir? Adalet görevlisi, tıpkı Orta İmparatorluk sanatçısı gibi, "erkeğin adımını, kadının endamını ve on bir kuşun duruşunu bilmelidir".

Avukat Fulvius bir akşam kölelerin isyanına katılmak üzere Capua duvarlarından atlamış olmasaydı Spartaküs'ü savunabilir miydi? Yargıç Porfir, bizzat kendisi, bir gün güzel bir cinayet düşlememiş olsaydı Raskolnikov'un suçluluğunu ortaya çıkarabilir miydi? Avukat, tıpkı sanık gibi, o ânın toplumsal gerçekliği ile kendi arasına mesafe koymadan, karşısına dikilip onu sorgulamadan farklı bir yaşam, gözlem, farklı bir sevme ve ölme biçimi üstüne nasıl konuşabilir? Bugün ile kendisi arasındaki bağları germeden gelecekle nasıl diyalog kurar?

Klasik görüşün dava ortasına yerleştirdiği ahlak nerededir? O, uyum davalarını aydınlatır. Büyük kopuş davalarında da namevcut değildir, ama orada tarihin ahlakına dönüşür. Odur, onurunu sökmeyip I. Charles'a bırakan (zira İngiltere krallarının sahneden çekilme zamanı henüz gelmemiştir) ve Louis Capet'yi içeriden çürütüp Konvansiyon'a bitmiş vaziyette teslim eden. Odur, Dreyfus'ün yaşamak için dördüncü bir rütbe şeridiyle yetinmesine neden olan, ama Saint-Just'ü yirmi yedi yaşında sessizce ölüme yürüten; Tapınak tarikatının büyük rahibinin ağzını eliyle kapatan, ama 1964'te, işgal edilmiş Saygon'da, Vietnamlı militan Nguyen-Van-Troy'a, infaz mangasının kurşunlarıyla ölmeden önce bir basın toplantısı armağan eden.

—

METİS YAYINLARI

Hannah Arendt

KÖTÜLÜĞÜN SIRADANLIĞI

Adolf Eichmann Kudüs'te

Çeviren: Özge Çelik

Nazi Almanyası'nda Yahudilerin gettolara ve toplama kamplarına naklinden sorumlu Otto Adolf Eichmann, 11 Mayıs 1960'ta Buenos Aires'in kenar mahallelerinden birinde yakalandı ve İsrail'e getirildi. 11 Nisan 1961'de Kudüs Bölge Mahkemesi'ne çıkarıldı ve on beş ayrı iddiayla suçlandı: Başkalarıyla birlikte, nazi rejiminin başından sonuna kadar ve özellikle de İkinci Dünya Savaşı sırasında Yahudi halkına karşı suçlar, insanlığa karşı suçlar işlemişti.

Ülkemizde özellikle totalitarizm üzerine çalışmalarıyla tanınan ünlü siyaset bilimci Hannah Arendt bu kitabında, nazi Almanyası döneminde milyonlarca Yahudinin toplama kamplarına, ölüme gönderilmesinden sorumlu SS yetkilisi Adolf Eichmann'ın Kudüs'teki yargı sürecini ele alıyor. Arendt, bu duruşmada Yahudilerin çektiği acıların, antisemitizmin ya da ırkçılığın bir anlamda gözardı edildiğini; duruşmanın sadece kendisine verilen emirleri yerine getirdiğini söyleyen, terfi etmekten başka bir şey düşünmeyen, savaşın tam ortasında Bratislava'da İçişleri Bakanı'yla bowlinge gittiğinden başka bir şey hatırlamayan bu adamın yaptıklarına indirgendiğini söylüyor.

Yahudi soykırımının mimarı olarak sunulan Adolf Eichmann'ın sadist bir canavardan ziyade, normal, hatta korkutucu derecede normal bir insan olduğuna dikkat çeken Arendt, özellikle düşünme ve muhakeme yetisinin kaybolmasıyla birlikte kötülüğün nasıl sıradanlaştığını vurguluyor. Eichmann duruşmasından yola çıkarak, insanlık tarihinin dönüm noktalarından birini gözler önüne seriyor

METİS YAYINLARI

Haz. Cihan Aksan, Jon Bailes

GÜÇLÜNÜN SİLAHI

Amerikan Devlet Terörü Üzerine Söyleşiler

Çeviren: Serap Arslanpay

Terör "zayıfın silahı" diye bilinir; gücü ve kaynakları kısıtlı eşkıyaların dehşet verici bir şiddetle önüne gelene saldırdığı, devletin ise masumları koruduğu söylenir hep. Yani siyasi meşruiyetiniz varsa, tam donanımlı büyük bir ordu elinizin altındaysa ve uluslararası meselelerde sözünüz geçiyorsa, kimse kalkıp da terörist diyemez size. Ancak "terör" gibi bir kelimeyi belki de ilk akla gelen anlamla ilişkilendirmek, belli başlı siyasi çıkarlarda kök salmış bir ideolojiyi kabul etmek olur. "Terörist kimdir?" sorusu zaten belli bir cevaba işaret eder, özellikle de "güçlü"yü gözardı eden bir cevaba. "Güçlü" hiç şüphesiz "zayıf" devlet-altı terör gruplarına göre çok daha büyük çaplı bir terör yaratabilir ama terörizm meselesi kamusal alanda asla bu şekilde değerlendirilip tartışılmaz.

Ancak Aksan ve Bailes tam da böyle bir tartışma açıyor, terörün farklı biçimlerdeki temsillerini ele alıyor. Kendisini "özgür dünyanın lideri" ilan eden ABD'nin İkinci Dünya Savaşı sonrası dönemde terörün en istikrarlı faili ve destekçisi olduğunu ortaya koyarak hâkim fikirleri sorguluyor. Böyle bir iddia hemen bir sürü soru uyandırıyor tabii: Terörizm derken neyi kastediyoruz? Devlet terörü nedir? Devletin terör eylemlerinin ahlaki içerimleri ve yasal sonuçları nelerdir? Amerikan devlet terörünün temel saikleri nelerdir?

Güçlünün Silahı işte bu soruları siyaset, hukuk, felsefe, iktisat ve sosyal teori gibi çeşitli alanların önde gelen isimleriyle –Chomsky'den Butler'a, Falk'tan Cohn'a kadar– yapılan bir dizi söyleşi vasıtasıyla bambaşka açılardan analiz edip yanıtlamaya çalışıyor.

METİS YAYINLARI

Jacques Rancière

SİYASALIN KIYISINDA

Çeviren: Aziz Ufuk Kılıç

Son dönem sol Fransız düşünürleri arasında öne çıkan isimlerden biri Jacques Rancière. Özellikle siyaset-demokrasi ilişkisi, entelektüellerin rolü ve tarih felsefesi alanında yazdıkları çok tartışılan düşünür burada, Atina'da icat edilen siyaset ve demokrasi kavramlarının izini sürerek, günümüzdeki "siyasalın dönüşü" tartışmalarına kadar uzanıyor. "Halk" kavramının görmüş olduğu bozguncu işleve ve halkın "sayılmayan", "esamisi okunmayan" kesimlerinin (kölelerin, kadınların, proleterlerin vb.) verdikleri mücadelelerle nasıl "sayılanlar" katına çıktıklarına ilişkin analizi, "siyasetin sonu" tezlerine karşı çok güçlü bir cevap.

Kitabın Fransızca ilk basımında ve İngilizce çevirisinde yer almayan yeni yazılarla zenginleştirilmiş bu edisyonda, okurlarımızın dikkatini özellikle "Demokrasinin Kullanımları", "Siyaset Üzerine On Tez" ve "Siyaset, Özdeşleşme, Özneleşme" yazılarına çekmek isteriz. Milliyetçilik başta olmak üzere çeşitli kimlikçiliklerin kapanından çıkarak, eşitlikçi bir siyaseti yeniden kurabilmek isteyen herkesin dikkatle okuması gereken *Siyasalın Kıyısında*'da şöyle diyor Rancière:

"Otuz yıl önce hepimiz 'Alman Yahudileri'ydik, yani 'yanlış' adlar taşıyorduk. Bugün yalnızca 'doğru' adlarımız var: Avrupalıyız ve yabancı düşmanıyız... Nesnel olarak, bugün göçmenlerin sayısı otuz yıl öncesine göre pek fazla değil. Öznel olarak ise çok daha fazla. Bunun nedeni şu ki, o gün göçmenlerin bir başka adı, siyasal bir adı vardı: Onlar 'proleter'di. O günden beri bu adı kaybettiler; artık yalnızca 'nesnel', yani kimliksel bir ada sahipler. Başka adı olmayan öteki, artık salt bir nefret ve ret nesnesi haline gelir."

METİS YAYINLARI

Haz. Ece Göztepe, Aykut Çelebi

DEMOKRATİK ANAYASA

Görüşler ve Öneriler

12 Eylül 1980 darbesi sonrasında Türkiye, tarihinin en otoriter, devletçi, temel hak ve özgürlüklerin karşısında konumlanmış anayasasıyla tanışmıştır. Bugün bu anayasadan kurtulma yolunda yeni, demokratik bir anayasa yapım süreci içindeyiz. Türkiye'nin öndegelen hukukçularının ve iki siyaset bilimcinin uzmanlık konularındaki makaleleriyle katkıda bulundukları bu kitap anayasayla ilgili tartışma sürecine katılma ihtiyacından doğmuştur. Ancak mevcut anayasa taslaklarına bir yenisini eklemek değil, demokratik bir anayasanın temel sorunlarını ele alarak derinlemesine bir analiz yapmak ve öneriler geliştirmek amaçlanmıştır.

Demokratik Anayasa, hukuk bilimi ile siyaset bilimi arasındaki bir konumdan söz alarak, anayasa yapım sürecinin sürdürülmesinin koşullarını, anayasa yapma yetkisini, anayasanın başlangıç bölümünü, federalizm ve bölgesel özerklik sorununu, temel hak ve özgürlüklerin özünü ve amacını, laiklik ve inanç özgürlüğünü, parti yasaklamalarını, hükümet sistemini, Avrupa İnsan Hakları Sözleşmesi ile anayasanın uyum sorununu, anayasanın uluslararası hukuk ile ilişkisini, yargı bağımsızlığı ve tarafsızlığını, anayasa yargısının meşruluğunu, Anayasa Mahkemesi'ne bireysel başvuru hakkının (anayasa şikayetinin) kapsamını ve uygulanma alanlarını, ve doğrudan demokrasi araçlarının temsili hükümet sistemine yapabileceği demokratik katkıları tartışmaktadır.

METİS YAYINLARI

Jean Améry

SUÇ VE KEFARETİN ÖTESİNDE

Çeviren: Cemal Ener

Viyana doğumlu Hans Meyer, babası Birinci Dünya Savaşı'nda ölünce, annesi tarafından Katolik olarak büyütülür. Yirmi üç yaşına geldiğinde, Nürnberg Yasaları'nın kabulüyle, savaş kahramanı babası Yahudi olduğu için artık Yahudi muamelesi göreceğini öğrenir. Bundan sonraki hayatı direniş, işkence, toplama kampları ve tesadüfi kurtuluşunun ardından olup biteni anlamlandırma çabasıyla geçecektir. Adını Fransızca tınılı Jean Améry'ye çevirse de, yazılarında ona evini hatırlatan Almancayı kullanacaktır ısrarla.

Toplama kampına Yahudi kimliğini benimseyerek gelenlerin geçmişe, Komünist olarak gelenlerin geleceğe dayanan bir gücü, adi suç işleyip gelenlerin ise günü kurtarma yetenekleri vardır. Oysa agnostik, hümanist bir entelektüel, temel düşünsel hoşgörüsü ve yöntemsel kuşkuculuğunun özyıkım unsurlarına dönüştüğünü fark edecektir dehşetle.

Kurtulduktan kısa süre sonra toplumun ona bakışının pek de iyi olmadığını fark eder: Toplum kendi bekasının, düzenini sürdürmenin peşindedir; bireylerin acılarıyla, olup biten dehşeti anlamlandırmakla ilgilenmez. Yaşananları gerçekten aktarabilecek olanlar hayatlarını kaybetmiş, sağ kalanlarsa safra konumuna düşmüştür – bu durumda toplama kamplarına tanıklık etmek mümkün müdür?